皮书研究系列（8）

高质量发展场景下的皮书研创、出版与传播

RESEARCH AND CREATION, PUBLICATION AND DISSEMINATION OF PISHU IN THE CONTEXT OF HIGH-QUALITY DEVELOPMENT

主　编 / 谢曙光

副主编 / 蔡继辉　吴　丹

SSAP 社会科学文献出版社
SOCIAL SCIENCES ACADEMIC PRESS (CHINA)

目 录
Contents

前　言

百年变局下的皮书使命与担当

第 8 部“皮书研究”集刊即将付梓，这本集刊以 2020 年 9 月在昆明召开的第二十一次皮书年会主题“高质量发展场景下的皮书研创、出版与传播”为书名，分专论、皮书与智库建设、皮书研创方法、皮书品牌建设 4 个专题，辑录了在本次年会上发表和年会之后撰写的有关皮书研究的 16 篇文章，从一定程度上代表了这个时段关于皮书自身研究的最新进展和成果。

作为“皮书研究”集刊主编，首先要感谢所有作者所付出的智慧和辛劳，其次要感谢为本书编辑和出版做出辛勤努力的蔡继辉、吴丹、丁阿丽等皮书研究院这几位“皮友”。“皮书研究”集刊前 7 辑中我都是以社长身份担任主编并撰写前言，这部新出的集刊我则是以皮书品牌创始人的身份出任主编。为此，我十分感谢王利民社长和蔡继辉院长的信任和支持！

我给这篇前言起的题目为“百年变局下的皮书使命与担当”，试图强调一下近年来我多次表述的一些关于皮书的看法。一方面，当今世界正处于百年未有之大变局时期，以互联网、大数据、云计算、人工智能为特征的数字技术革命正在急速地改变传统的生产、生活方式，民粹主义、极端主义盛行致使传统的全球化面临根本性的转折，新冠肺炎疫情反复出现并在全球蔓延，中美全面竞争、对峙……这一切表明世界的不确定性已成为常态，以降低乃至消除不确定性为特征的皮书研创出版，任重而道远！另一方面，经过改革开放40多年的努力，特别是党的十八大以来实施的精准扶贫，中国于2020年全面建成小康社会，实现了第一个百年目标。2021年7月1日，习近平总书记在中国共产党建党百年纪念大会上发表“以史为鉴，面向未来”的重要讲话，明确宣布开启中国第二个百年的新征程，中华民族复兴处于前所未有的关键节点上。这无疑为皮书研创出版提供了巨大的发展空间，中国皮书人应进一步坚定自己的使命担当，着力增强皮书意识，遵循皮书研创规律和研创出版规范，牢牢把握“数据”“质量”这两个关键指标，真正实现皮书研创高质量发展，为建设中国特色社会主义现代化强国，实现中华民族的伟大复兴和美好世界的建设，做出独特的贡献！

作为皮书品牌创始人，我愿在新的研究岗位上与所有的皮友携手同行，更多地从研创层面推动皮书高质量发展。

谢曙光

中国社会学会秘书长

中国管理科学学会副会长

皮书品牌创始人

2021年8月于北京朝阳写在本书付梓之际

“十四五”期间皮书的发展规划及建议*

谢曙光**

摘　要：日益复杂的国内外环境，给中国经济社会发展带来了巨大的不确定性，也给皮书事业的发展带来了新的机遇和挑战。2021年，中国特色社会主义现代化将开启新征程。作为以消除不确定性为特征的皮书，应继续坚持正确的政治方向、学术导向和价值取向；全面落实“调整结构、优化选题”的皮书书目管理制度；突出智库成果的公共性，以研究重大理论和实际问题为主攻方向；积极利用数据平台、智能平台，创新皮书内容创作、生产、发布方式；把质量作为皮书的“生命线”，高度重视报告的写作规范；建立科学的皮书成果评价体系，推进智库共同体成长。

关键词：皮书　智库成果　智库建设　智库共同体

* 本文节选自谢曙光主编《中国皮书发展报告（2020）》的总报告“中国皮书高质量发展报告（2020）”。

** 谢曙光，本名谢寿光，中国社会学会秘书长，中国管理科学学会副会长，皮书品牌创始人。

2020年初暴发并持续在全球蔓延的新冠肺炎疫情，彻底打破了人类原有的生产、生活状态和秩序，这一状况与近年国际上反全球化、保守主义、民粹主义等因素叠加，给人类发展增加了巨大的不确定性；互联网、大数据、人工智能和区块链技术的长足进步和广泛使用，又为人们精准把握外部世界、消除不确定性提供了无限的可能和想象空间。所有这一切，都成为皮书研创者和出版者必须面对和应对的时代课题。

2020年是中国全面建成小康社会的收官之年，同时也是“十三五”规划的收官之年。新时代、新任务，2021年中国特色社会主义现代化将开启新征程。皮书研创出版应从以下几个方面聚焦和发力。

一　继续坚持正确的政治方向、学术导向和价值取向

皮书是服务党和国家决策，服务社会、服务行业发展的重要载体，要继续坚持正确的政治方向、学术导向和价值取向。做好皮书的研创出版首先要提高政治站位，在思想上、政治上、行动上都与以习近平同志为核心的党中央保持高度一致。要旗帜鲜明讲政治，全面贯彻党的基本理论、基本路线、基本方略，既不走封闭僵化的老路，也不走邪路，皮书决不能出现与党中央精神不一致的言论，决不能为错误思潮提供传播阵地。要坚持马克思主义的指导地位，特别是用习近平新时代中国特色社会主义思想指导皮书发展，不断提高运用这一重要思想分析和解决实际问题的能力，以更宽广的视野、更长远的眼光来思考、把握新时代皮书研创出版工作。要落实意识形态工作责任制，做到守土有责。守

土负责、守土尽责，在意识形态领域不出问题是皮书的底线和红线，既要坚持正面宣传阐释马克思主义和党的方针政策，又要旗帜鲜明地批评历史虚物主义等错误思潮[①]。

二　全面落实“调整结构、优化选题”的皮书书目管理制度

在“调整结构、优化选题”上，要认真落实2019年全国皮书年会提出的“皮书高质量发展”要求，控数量、调结构、补短板，严格实施目录管理[②]，进一步完善准入和退出机制。从准入环节来说，2019年1～12月，皮书研究院全年组织专家评审皮书立项选题12次，评审皮书申请项目180个，通过皮书项目102个，暂缓及否决78个，通过率为56.67%。皮书项目的准入评审机制从源头上为控制皮书选题质量提供了保障。从退出环节来看，皮书的退出机制是皮书控制数量、调整结构的重要措施。自2019年起，皮书的退出也开始实施定期动态管理。定期淘汰出版不规律、内容质量不高的皮书品种，每月淘汰通过准入但超过1年未能正式出版的皮书选题。2019年，共淘汰皮书161种，淘汰皮书选题59个。

今后，在皮书的准入环节，一方面要进一步发挥皮书学术共同体、智库共同体的作用，严格实施每本皮书的同行评审；另一

---

① 《中国社会科学院院长谢伏瞻在第二十次全国皮书年会开幕式上的讲话》，皮书数据库，http://www.pishu.cn/descqgpsnh/kmsfy/536462.shtml。

② 从2020年起，社会科学文献出版社每年根据上年出版皮书的评价结果，按规定程序发布“皮书书目”，未进入书目的，将不能以“皮书”名义出版。具体规定详见谢曙光主编《皮书手册——写作、编辑出版与评价指南》（第四版），社会科学文献出版社，2020。

方面，在皮书退出环节，要进一步把皮书评价结果与退出管理相结合，全面落实皮书的书目管理制度。

三　突出智库成果的公共性，以研究重大理论和实际问题为主攻方向

皮书研创要具有前瞻性。对于智库而言，只有聆听时代的声音，回应时代的呼唤，认真研究解决重大紧迫问题才能真正把握住历史脉络，找到发展规律，推动理论创新。在逆全球化浪潮愈演愈烈的背景下，人类如何团结合作，共建人类命运共同体等全球治理问题，尤其需要中国智库发声，需要中国智库提供科学的研究成果作为决策支撑。

皮书研创要具有问题意识。中国特色社会主义进入新时代，社会主要矛盾发生深刻变化，统筹推进“五位一体”总体布局，协调推进“四个全面”战略布局，推进国家治理体系和治理能力现代化，实现“两个一百年”奋斗目标，开启全面建成社会主义现代化强国新征程提出了一系列全新的重大理论和现实问题，迫切需要深入研究并做出有说服力的科学解答，这些都为皮书的研创出版提供了丰富的素材和广阔的空间。皮书的研创出版必须始终着眼坚持和发展中国特色社会主义大局，贴近党和国家决策需求，以研究和回应新时代重大理论和实践问题为主攻方向，推出更多对政策制定有重要参考价值、对事业发展有重要推动作用的优秀成果，要注意补足短板，发掘更多有价值的研创主题，将皮书研究与时代要求、与经济社会发展趋势紧密结合。

四 积极利用数据平台、智能平台，创新皮书内容创作、生产、发布方式

2019年11月，党的十九届四中全会通过的《中共中央关于坚持和完善中国特色社会主义制度 推进国家治理体系和治理能力现代化若干重大问题的决定》指出：“健全劳动、资本、土地、知识、技术、管理、数据等生产要素由市场评价贡献、按贡献决定报酬的机制。”该决定首次提出把数据纳入生产要素，可见数据已经对人类社会的生产方式、生活方式产生了巨大影响。

《关于加强中国特色新型智库建设的意见》把是否具备“功能完备的信息采集分析系统”[①] 作为新型智库的8个基本标准之一，可见数据、信息已成为智库的基础要素。在数据采集、信息处理上，以数据说话为特征的皮书研创仍有提升的巨大空间。目前，皮书的数据来源包括：公开发布的官方数据、电子商务等网络平台产生的消费型数据、自有调研数据（一手数据）、行业数据（部门数据）、新闻时政数据、学术论文研究资料等。但相当部分皮书的数据来源相对单一，还是以公开发布的官方统计数据为依据，缺乏自有的数据库建设。各皮书研创机构应开拓数据采集渠道，构建细分领域的专业数据库，确立稳定的、细分化、专业化的数据来源。一方面，除了公开发布的官方统计数据以外，

① 中共中央办公厅、国务院办公厅印发《关于加强中国特色新型智库建设的意见》，中国政府网，http://www.gov.cn/xinwen/2015-01/20/content_2807126.htm。

与决策咨询部门建立良好互动关系，全面收集部门数据、行业数据；另一方面，也是更重要的，加大自有数据库建设力度，以数据、流量作为皮书研创的基本抓手，采取自采、合作、外包或购买等方式整合数据。

在研究方法上，要使用好数据库和数据资源，积极创造条件建构指标体系，研发本领域、本行业、本专业或专题指数。互联网、人工智能技术的飞速发展使人类社会无时无刻不在产生数据，大量数据在被生产的同时，并未被有效合理使用。皮书研创机构应依托数据资源，在皮书研创中要保证准确把握时局、引导政策走向就必须未雨绸缪，以数据事实为依据，进行持续性的数据采集工作，及时、全面捕捉各类情报信息，进而加工整理为有价值的决策资料。

在组织研创、报告发布上，要积极使用企业微信、腾讯会议等线上会议工具，推进皮书研创过程中相关会议的线上召开；要创新皮书线上发布模式，可召开视频发布会或语音发布会，并充分利用短视频、微信公众号文章等形式在线发布皮书成果。要以引流为目标，努力促进皮书成果转化。

五　把质量作为皮书的“生命线”，高度重视报告的写作规范

《皮书手册——写作、编辑出版与评价指南》（第三版）对智库报告的定义为，“智库报告是指由专业智库撰写，基于公共事务领域，对政治、经济、外交、国防、科技、社会等宏观问题或微观问题进行专题研究，旨在为决策机构估计形势、确定目

标、制定政策提供建设性的决策依据和行动建议的研究性文献”①。从此定义可见，智库报告的写作应遵循公共性、咨政性、研究性、思想性等特点。

目前，皮书中单篇报告写作的规范问题集中体现在两种形式。第一种，“工作报告式”。有的皮书报告作者来自行业或部门的一线机构，行业数据、部门数据都很丰富，价值很高。但报告写作中，往往忽视了智库报告的独立性、思想性、咨政性，如果拘泥于本部门的工作经验总结、未来工作思路，就容易把智库报告写成部门或行业的工作总结报告，失去了研究性，尤其是丢失了智库应有的第三方客观立场，其价值大打折扣。第二种，“学术论文式”。有的皮书报告具备科学的研究范式，通过大型社会调查，采集了大量鲜活的一手数据，但报告写作却遵循的是“学术论文”的范式，往往以“研究综述—研究方法—研究结论—研究不足及未来展望”为框架，数据处理方法占据了智库报告的大量篇幅，数据分析及结论却流于表面，未能揭示大型调查数据背后对于公共政策的实际价值。“学术论文式”报告在皮书中大量出现，皮书就会沦为“论文集”，而失去了其咨政价值。

《皮书手册》是为皮书研创制定统一出版规范与标准的工具书，自2015年首次出版以来，获得了皮书作者、读者的广泛关注与支持。2020年，《皮书手册——写作、编辑出版与评价指南》已完成修订并发布第四版。通过对皮书研创规范、出版规

① 谢曙光主编《皮书手册——写作、编辑出版与评价指南》（第三版），社会科学文献出版社，2018，第1～2页。

范的精益求精，助力皮书主编、皮书作者推动智库成果的专业化，尽可能避免“工作报告式”、“学术论文式”报告的出现。

六　建立科学的皮书成果评价体系，推进智库共同体成长

目前，智库成果在科研人员评价体系中受重视程度仍然不高。很多皮书研创单位对于学者参与以皮书为代表的智库成果写作激励不够，有的不能作为个人考核成果，有的即便可以作为成果，但权重占比很低，与实际研究付出的努力及成果所产生的影响力不成正比。各智库及研究机构应从制度设计上重视智库成果研创。一方面，制定激励智库成果研创的考核制度，把优秀智库成果作为研究人员的成果及代表作认定依据。另一方面，制定提升智库成果管理质量的相关制度。社会科学文献出版社开发运维的皮书数据库，自 2020 年起，每季度公布皮书报告的浏览、下载、使用结果，并实现了可按照各皮书研创机构查询结果，从而为皮书的社会影响力评价提供客观数据支持。

以皮书研究院理事会、皮书年会和皮书研创高级研修班为抓手，深度推进皮书研创出版平台建设。要切实采取有效措施，鼓励、支持各地区、领域、系统皮书研创课题组开展研创交流与合作，实现皮书学术共同体数据、资源以及流量共享。要牢固树立平台意识，以皮书课题组为支撑，通过皮书研创出版活动，构建专业和专题领域智库平台，最大限度吸纳国内外本学科领域专家参与皮书研创工作。

着力推动改革创新　加快构建新发展格局*

中国社会科学院宏观经济研究智库课题组**

摘　要：2020 年新冠肺炎疫情全球大流行使世界经济遭遇历史性衰退，我国率先在全球范围内取得了疫情防控和经济社会发展的双胜利。2021 年全球经济有望迎来普遍的恢复性增长，但疫情大流行的负面影响将持续，外部环境依然复杂多变。做好 2021 年的经济工作，要紧扣“十四五”规划目标任务，着力推动改革创新，加快构建新发展格局。积极的财政政策要提质增效，更加注重可持续性；稳健的货币政策要灵活适度，更加注重前瞻性、精准性和时效性；坚持就业优先政策，做到稳存量、扩增量和提质量有机结合。2021 年要做好以下几项重点工作：畅通国民经济循环，加快构建新发展格局；大力促进科技创新，持续推动产业升级；推动重大改革举措落实落地，激发市场主体发展活力；推进更高水平对外开放，打造国际合作和竞争新优势；

* 本文刊发在《财经智库》2020 年第 6 期。

** 课题组成员：李雪松、汪红驹、冯明、张彬斌、李双双。

促进形成优势互补、高质量发展的区域经济布局，推动城乡融合发展；巩固脱贫攻坚成果，加强保障和改善民生。

关键词： 宏观经济　改革创新　新发展格局

2020 年，面对新冠肺炎疫情的严重冲击，党中央、国务院坚持把人民生命安全和身体健康放在第一位，加大宏观政策应对力度，科学统筹疫情防控和经济社会发展工作，各项事业取得新的巨大成就。2021 年是实施“十四五”规划的开局之年，外部环境依然复杂多变，要加快构建以国内大循环为主体、国内国际双循环相互促进的新发展格局，努力实现“十四五”时期经济社会发展的良好开局。

一　经济发展的外部环境

2020 年，新冠肺炎疫情全球大流行使世界经济遭遇历史性衰退。展望 2021 年，如果安全有效的疫苗能够在 2021 年初投放市场，使疫情得到有效控制，则全球经济有望迎来普遍的恢复性增长。

1. 全球经济有望走出衰退，但完全恢复到疫情前的总量水平需要更长时间

全球经济正在从深度衰退中复苏，预计 2021 年全球经济增速将会转正，实现恢复性增长。IMF 预测 2021 年全球经济将增长 5.2%，但是大多数发达经济体的经济总量到 2021 年底依然会低于甚至显著低于 2019 年的水平。WTO 预测 2021 年全球货物贸易增速将达7.2%，但贸易量仍低于疫情前的水平。复苏之路充满高度不确定性，完全恢复到疫情前的总量水平需要更长时间，复苏进程将取决于疫情发展态势、社会封锁程度、疫苗推广使用进展以及各国经济政策支持力度等多方面情况。即使乐观预计未来疫情仅在局部地区复发，防控因此从“全面封锁”转向局部控制，且到2021年夏季疫苗有望实现大规模接种，全球经济复苏依然高度依赖于政府政策支持的力度。

2. 不同国家和地区有望同步复苏，但复苏程度将很不平衡

由于不同经济体疫情发展情况以及应对疫情的政策反应差异较大，全球经济将面临不平衡的复苏进程。2021年发达经济体有望整体复苏。美国新一轮财政刺激计划大概率会在大选之后推出，将对美国经济复苏起到支撑作用。2021年欧盟将继续放松对成员国的财政预算规则约束，以支持各国经济恢复，预计欧盟将在2021年迎来稳定复苏。日本经济预计也将在放松防控、新任领导人上台以及补办奥运会等利好情况下，出现恢复性增长。新兴经济体有望集体走出衰退困境，但是复苏程度存在显著差异。金砖国家将同步实现恢复性增长，其中印度、俄罗斯恢复相对显著，巴西和南非则相对较弱，尤其是南非或将成为新兴经济体中2021年GDP与2019年相比缺口最大的经济体。分区域看，亚洲将是复苏最为强劲的地区；欧洲新兴国家和中东石油输出国预计也将走出困境，增速得到较大幅度回升；非洲和南美洲预计将呈现相对弱的复苏态势。

3. 疫情将影响深远，外部环境依然复杂多变

虽然全球经济有望在2021年出现较大幅度反弹，但是疫情大流行的负面影响将持续，叠加世界经济政治格局中原有多重调整性因素，外部环境将呈现多方面风险并存的形势。一是为应对新冠肺炎疫情，各国债务水平被推至历史新高。忽视债务边界或将导致经济基本面脆弱和面临借入新债能力约束的国家陷入新一轮债务危机，丧失多年经济发展成果。二是通过单边或联合行动，贸易保护主义仍将是少数国家的对外经贸方针，主张自由贸易国家与奉行贸易保护主义国家之间的冲突仍将持续。三是科技领域竞争更加激烈，可能进一步损害国家间的经贸关系。四是各国更加重视经济安全，大国之间竞争性和对抗性增强，全球治理体系重建面临困境。五是疫情造成大量人口返贫和社会矛盾激化，甚至引爆潜藏多年的地缘政治冲突，对国际经济社会稳定发展造成新的冲击。六是美国等发达国家呈现“K”字形复苏的特征，收入差距进一步拉大，民粹主义将会再度抬头。

二　2021 年经济工作的基本思路和主要预期目标

2020 年，面对错综复杂的国际形势、艰巨繁重的国内改革发展稳定任务特别是新冠肺炎疫情严重冲击，党中央、国务院坚持稳中求进的工作总基调，坚持新发展理念，坚定不移推进改革开放，沉着有力应对各种风险挑战，统筹新冠肺炎疫情防控和经济社会发展工作，把人民生命安全和身体健康放在第一位，把握扩大内需这个战略基点，深化供给侧结构性改革，加大宏观政策应对力度，扎实做好“六稳”工作、全面落实“六保”任务，疫情防控工作取得重大战略成果，三大攻坚战扎实推进，经济增长好于预期，人民生活得到有力保障，社会大局保持稳定，党和国家各项事业取得新的重大成就。同时也要看到，当前疫情影响仍在持续，我国经济发展仍面临不少困难：需求端恢复仍滞后于生产端，国内有效需求有待释放；部分企业经营仍较为困难，创新链短板亟待补强；重点群体就业压力仍较突出，结构性失业制约民生改善；地方财力艰难支撑地方事权，保基本民生、保工资、保基层运转压力仍然较大。

进入新发展阶段，国内外环境的深刻变化既带来一系列新机遇，也带来一系列新挑战。但我国制度优势显著，治理效能提升，经济长期向好，物质基础雄厚，人力资源丰富，市场空间广阔，发展韧性强劲，社会大局稳定，继续发展具有多方面优势和条件。只要坚持改革创新，转变发展方式，增强发展动力，中国的发展必将长期向好。

1. 2021 年经济工作的基本思路

2021 年是实施“十四五”规划的开局之年，也是开启基本实现社会主义现代化新征程的开局之年，要以习近平新时代中国特色社会主义思想为指导，全面贯彻党的十九大和十九届二中、三中、四中、五中全会精神，坚持稳中求进工作总基调，立足新发展阶段，贯彻新发展理念，构建新发展格局，以推动高质量发展为主题，以深化供给侧结构性改革为主线，以改革创新为根本动力，以满足人民日益增长的美好生活需要为根本目的，坚持系统观念，巩固拓展疫情防控和经济社会发展成果，更好统筹发展和安全，扎实做好“六稳”工作，全面落实“六保”任务，科学精准实施宏观政策，努力保持经济运行在合理区间，坚持扩大内需战略，强化科技战略支撑，扩大高水平对外开放，确保“十四五”开好局，以优异成绩庆祝建党 100 周年。

2. 2021 年经济发展的主要预期目标

基于当前经济发展的国内外环境和基本走势，综合研判，我们对 2021 年经济工作主要预期目标考虑如下。一是突出就业优先和民生保障目标。2021 年，要优先稳就业保民生，使居民收入增长与经济增长基本同步，进一步巩固脱贫攻坚成果，推动养老、医疗等社会保障全国统筹，加大对公立幼儿园、基础教育投入力度。城镇新增就业 1000 万人以上，城镇调查失业率控制在 5.5% 左右，城镇登记失业率控制在 5% 以下；坚决落实“房住不炒”，加大政策性住房投入力度，增加保障房供给，健全房地产长期稳定调控机制。二是突出宏观稳定目标。居民消费价格涨幅 3% 左右；进出口促稳提质，国际收支基本平衡；宏观杠杆率保持总体稳定，重大金融风险有效防控。三是突出经济高质量发展和可持续发展目标。提高研发投入强度和基础研究投入在总研发投入中占比，单位国内生产总值能耗和主要污染物排放量继续下降，为完成“十四五”规划目标任务开好局、起好步。

三　做好 2021 年经济工作的政策建议

1. 积极的财政政策要提质增效，更加注重可持续性

2021 年要继续实施积极的财政政策，仍需保持必要的财政支出规模，以支持扩大国内有效需求、调整经济结构，促进高质量发展。一是若疫情能够得到有效控制，建议财政赤字率按照 3% 左右安排，继续发行专项债券，不再发行抗疫特别国债。二是积极的财政政策要更加注重提质增效。显著增加基础研究投入，加强对“卡脖子”项目的有效支持。综合运用税收优惠等

方式，提升产业链水平，推动制造业高质量发展，引导资本、资源向战略关键领域聚焦，鼓励金融机构加大对民营企业和中小企业的支持力度。细化疫情期间财政直达资金分配管理办法，提高财政资金使用绩效。三是继续优化财政支出结构，优化投资方向和结构，提高投资效益，防止项目资金过于分散造成资金闲置，支持“两新一重”建设，支持扩大教育、文化、体育、养老、医疗等服务供给，支持新能源汽车产业发展，支持扩大农村消费，培育新的消费增长点。四是推动基本公共服务均等化，提高与民生相关的教育、社会保障和就业、城乡社区、医疗卫生、住房保障、节能环保、文化体育与传媒等重点支出占总支出比重，推动完善地方政府专项债券相关领域的支出政策和机制设计，提高保障和改善民生水平。

2. 稳健的货币政策要灵活适度，更加注重前瞻性、精准性和时效性

当前，海外疫情仍在蔓延，国内外经济形势依然复杂多变。货币政策既要立足国内、以我为主，也要加强国际宏观政策协调。一是随着国内疫情防控形势基本稳定、经济社会发展较快恢复，货币政策应适时逐步退出疫情期间稳健偏宽松的状态，回归稳健中性，实现广义货币量和社会融资规模增长速度与名义GDP增速基本同步。二是我国经济在2021年第一、二季度大概率将出现疫后恢复性反弹，与此同时疫情冲击导致的基期翘尾效应还会进一步放大主要经济指标的反弹力度，对此政府要做好前瞻性地预判和甄别，警惕基期翘尾效应导致的误判。三是有效发挥结构性货币政策工具的精准“滴灌”作用，做到流动性有收有放、结构优化。落实好直达货币政策工具，适度增加普惠性再贷款再贴现额度，加大对小微企业和个体工商户的信贷支持力度。四是在 LPR 报价利率和贷款平均利率降低的基础上，增强利率定价弹性，通过价格机制引导信贷资源配置结构走向优化。五是密切关注美欧等主要发达国家央行货币政策调整，防止内外利差和流动性松紧差大幅变动对我国金融体系造成负面冲击，防止“热钱”大规模流入、流出冲击国民经济。

3. 坚持就业优先政策，做到稳存量、扩增量和提质量有机结合

一是进一步减轻企业负担、增强各类市场主体运转活力。协助暂时性经营困难企业加快夯实自身发展能力，纾解中小民营企业获得金融和优质人力资源等要素的困难，促进初创企业健康壮大，完善灵活就业和新业态就业支持体系，确保就业机会得到持续创造。二是紧密关注重点群体就业，提供多元化、有针对性的公共服务。建立高校毕业生就业服务实名清单，重在畅通毕业生与用人方之间的信息流和增加匹配机会，利用线上线下两种通道，增加毕业生专场招聘场次，面向基层和相对落后地区提供更多公共就业岗位，强化对低收入家庭毕业生的就业帮扶。畅通高校毕业生继续深造、参军入伍、自主创业等通道。保障外出农民工公平享受就业服务，全面清理部分城市对于灵活就业人员的不合理限制，降低农民工在务工地的住房、医疗、子女照料等方面的成本，加大力度完善返乡入乡农民工就业创业的政策帮扶。以鼓励市场化就业为主、以定向招录为辅，妥善解决退役军人就业，鼓励职业院校扩大对军转干部、农民工、失业群体的招生。用足用好失业保险基金，确保失业人群基本民生，完善再就业服务。三是加大职业技能提升力度。重点针对农民工、产业结构调整溢出的非熟练工人、就业困难群体等劳动力群体，实施大规模的公共就业培训，确保培训技能真管用，确保年底实现技能劳动者占就业人群比重达到1/4以上，鼓励企业实施师带徒技能提升模式。四是促进市场性人力资源服务业发展，将其作为现代服务业的重要领域，给予必要的政策性支持，推动人工智能、大数据、云计算等现代技术在人力资源服务业中的应用，以此推动就业匹配质量提升。

四　2021年经济工作的重点任务

1. 畅通国民经济循环，加快构建新发展格局

把满足国内需求作为发展的出发点和落脚点，加快构建完整的内需体系，大力推进科技创新及其他各方面创新，加快推进数字经济、智能制造、生命健康、新材料等战略性新兴产业，形成更多新的增长点、增长极，着力打通生产、分配、流通、消费各个环节，以畅通国民经济循环为主，加快构建以国内经济大循环为主体、国内国际双循环相互促进的新发展格局。一是在生产环节，要增强技术创新能力，加快补齐核心关键技术的“卡脖子”短板。增强产业链各环节之间衔接效率，确保供应链安全，提升增加值创造能力，不断巩固我国在全球产业分工中的优势地位。根据需求变化规律相应调整生产结构，在供需再平衡中释放经济增长动能、提高各类资源配置效率。二是在分配环节，要继续提高劳动报酬在GDP中的占比，提高人均可支配收入水平，壮大中等收入人群规模，要扩大人力资本投入，使更多普通劳动者通过自身努力进入中等收入群体，增强社会流动性。三是在流通环节，在继续强化优化交通、物流、通信等传统基础设施的基础上，要加快推广大数据、云计算、人工智能、物联网在物流领域的产业化运用，新旧基础设施并重，降低流通环节成本。四是在消费环节，要着力扩大内需，平衡好消费和投资的关系，既要积极扩大消费，也要防止投资增速过快下滑。

2. 大力促进科技创新，持续推动产业升级

全面加大科技创新和进口替代力度，既是深化供给侧结构性改革的重点，也是实现高质量发展的关键。一是加强基础研究，对关键“卡脖子”技术，发挥新型举国体制优势，推动重要领域关键核心技术攻关。促进技术突破与重大需求有机结合，加强应用基础研究，突出关键共性技术、前沿引领技术、现代工程技术、颠覆性技术创新，推动产业绿色化、智能化、定制化发展，为建设质量强国、网络强国、数字中国、智慧社会提供有力支撑。二是加强政产学研用金对接，布局国家级和省级创新中心建设，建立以应用为导向的创新成果提升机制。围绕重大工程实施，建设若干具有国内先进水平的工程化平台，发展一批产业创新联盟。创新科技成果转化机制，发挥企业主体作用和政府统筹作用，促进资金、技术、应用、市场等要素对接，努力解决基础研究“最先一公里”和成果转化、市场应用“最后一公里”有机衔接问题，打通产学研创新链、价值链。三是充分发挥完备产业配套条件的优势，着力提升制造业竞争力，加强制造业创新体系建设，推进产业强基再造工程，强化产业链和供应链保障和安全，加快推动制造业转型升级和高质量发展。四是顺应新一轮科技革命和产业变革趋势，以智能制造为主攻方向，加快工业互联网创新发展，加快制造业生产方式和企业形态根本性变革，夯实融合发展的基础支撑，健全法律法规，提升制造业智能化、网络化、绿色化发展水平。五是抓住机遇引进国际人才。采用一事一议政策，针对“卡脖子”技术攻关项目重点引进核心人才，组建实验室团队，培养后续梯队。对一般的基础研究和科技人才，实施普惠性人才激励政策，通过所得税减免、股权激励、提高薪酬待遇、建立国际人才社区等政策为国际人才提供发展平台和优质生活环境。

3. 推动重大改革举措落实落地，激发市场主体发展活力

促进经济持续健康发展，要用好深化改革这个根本动力，推进重大改革举措落实落地。一是把完善产权制度和要素市场化配置作为经济体制改革的重点。深化国资国企改革，强化关键技术创新，实现结构性动态调整；支持非公经济发展，优化营商环境，激发创新创业潜能；畅通要素自由流动，推动更多事项“跨省通办”，加快形成全国统一大市场。二是加快土地要素市场化配置，促进都市圈与城市群发展。建立健全城乡统一的建设用地市场，盘活农村存量集体建设用地；建立全国性的建设用地、补充耕地指标跨区域交易机制。三是加快农业转移人口市民化进程，畅通社会流动渠道，提高居民收入。推动超大、特大城市调整完善积分落户政策；建立城镇教育、就业创业、医疗卫生等基本公共服务与常住人口挂钩机制，推动公共资源按常住人口规模配置；畅通劳动力和人才社会性流动渠道，形成全国城乡统一的劳动力市场。四是加快完善资本要素市场化配置，改革完善股票市场发行、交易、退市等制度，对公司信用类债券实行发行注册管理制。五是加快完善技术要素市场化配置，激发企业和科研人员创新活力。建立健全职务科技成果产权制度；培育发展技术转移机构和技术经理人。六是加快完善数据要素市场化配置。

根据数据性质完善产权性质；制定数据隐私保护制度和安全审查制度；推进政府数据开放共享；提升社会数据资源价值；培育数字经济新产业、新业态和新模式。

4. 推进更高水平对外开放，打造国际合作和竞争新优势

要全面提高对外开放水平，建设更高水平开放型经济新体制，形成国际合作和竞争新优势。一是努力构建国际合作新优势。加快推进海南自由贸易港、《外商投资法》及配套法规、《中共中央国务院关于推进贸易高质量发展的指导意见》等政策落地，推进贸易高质量发展“五个优化”和“三项建设”。继续缩减市场准入负面清单，降低进口关税。高质量建设“一带一路”、服务业扩大开放综合试点。维护以世界贸易组织为核心的多边贸易体制，推进《区域全面经济伙伴关系协定》（RCEP）行稳致远，促进《中欧投资协定》尽早签署，加快《中日韩自贸协定》谈判，积极考虑加入《全面与进步跨太平洋伙伴关系协定》（CPTPP），积极参与全球经济治理体系改革，扩大多边和双边合作范围，促进贸易和投资便利化，推进规则标准等制度型开放。二是继续打造国际竞争新优势。扩大先进技术、关键设备及零部件进口，鼓励、支持、引导外资更多投向高新技术、先进制造、现代服务行业，助力经济高质量发展。进一步推动跨境电商等贸易新业态、新模式发展。三是更加重视开放安全。拓展多元化进出口市场，构建外贸稳定安全网。增强自主创新能力，同时最大限度用好国际创新资源，突破关键技术瓶颈。保障产业链、供应链安全，防范产业空心化风险。健全外资国家安全审查、反垄断审查、不可靠实体清单等管理制度，构建外资合法合规经营的市场环境。实施好《出口管制法》，构建出口合规体系。健全国内产业安全和海外资产保障机制，维护国内产业安全与发展利益，保障海外重大项目和人员安全。

5. 促进形成优势互补、高质量发展的区域经济布局，推动城乡融合发展

一是按照客观经济规律调整完善区域政策体系，发挥各地区比较优势，促进各类要素合理流动和高效集聚，增强创新发展动力，加快构建高质量发展的动力系统，增强中心城市和城市群等经济发展优势区域的经济和人口承载能力，增强其他地区在保障粮食安全、生态安全、边疆安全等方面的功能，形成优势互补、高质量发展的区域经济布局。要推动城市组团式发展，形成多中心、多层级、多节点的网络型城市群结构。二是以推进城乡基本公共服务均等化为目标，实施基础设施一体化规划和管理、基本公共服务普惠共享，加快城乡一体化发展步伐，加快推进土地和劳动力要素市场化配置，高质量推进新型城镇化和乡村振兴，搭建农村产权保护交易制度框架，为实现“十四五”时期城镇化目标打下扎实基础。

6. 巩固脱贫攻坚成果，加强保障和改善民生

一是巩固脱贫攻坚成果，完善对脱贫人口返贫防范和跟踪帮扶机制，建立统筹城乡的相对贫困治理机制，坚持将就业视为最大的民生，公共就业政策和服务要提高对重点人群的针对性，着力强化稳就业对于巩固脱贫攻坚成果的作用。二是完善住房保障体系，坚持“房住不炒”定位，大力发展租赁住房市场，租购并举，完善多渠道、多主体供给，更好满足基本住房需求和改善性住房需求。三是坚持生命至上，深入推进医疗卫生领域改革，提升传染病防治能力和基本医疗服务能力，加快实施分级诊疗，严格食品药品监管；将一批救命救急药品纳入医保报销范围，合理提高报销比例。四是切实降低生育和婴幼儿照料的各类显性和隐性成本，着力提升家庭生育意愿和养育能力，让更多家庭享受天伦之乐。五是持续推进基本养老保险制度改革，保障基本养老金足额发放，适当提高农村养老金，加快推进基本养老保险全国统筹。加快完善养老照护体系，全面放开养老市场并鼓励更多民间资本和境外资本进入养老服务业。

参考文献

谢伏瞻主编《迈上新征程的中国经济社会发展》，中国社会科学出版社，2020。

中国社会科学院宏观经济研究中心课题组：《未来 15 年中国经济增长潜力与“十四五”时期经济社会发展主要目标及指标研究》，《中国工业经济》2020 年第 4 期。

中国社会科学院宏观经济研究中心课题组：《注重宏观调控跨期配置 畅通国民经济内外循环》，《财经智库》2020 年第 5 期。

中国社会科学院宏观经济研究中心课题组：《疫情常态化防控下精准加力扩大内需》，《财经智库》2020 年第 4 期。

中国社会科学院宏观经济研究中心课题组：《应对疫情全球大流行冲击 实施一揽子纾困救助计划》，《财经智库》2020 年第 2 期。

World Trade Organization, “Goods barometer confirms steep drop in trade but hints at nascent recovery”, 2020, https://www.wto.org/english/news_e/news20_e/wtoi_19aug20_e.htm.

International Monetary Fund, *World Economic Outlook, October 2020: A Long and Difficult Ascent*, 2020, https://www.imf.org/en/Publications/WEO/Issues/2020/09/30/world-economic-outlook-october-2020.

皮书与智库建设

面对新形势、面向新需求，采取新措施、走进新征程*

——皮书的智库功能及未来

赵新力**

摘　要：笔者结合主编的几部皮书经历和体会，总结了皮书“提供交流合作平台、整合培养智库队伍、扩大单位影响力、深入推进多边外交、提升研究水平和学术地位”的五个作用，提出面对“百年不遇的大变局、百年不遇的大疫情、民族复兴的百年梦”的“三个百年”新形势，皮书尤其是科技创新类皮书要坚持“面向世界科技前沿、面向经济主战场、面向国家重大需求、面向人民生命健康”的“四个面向”的新需求，采取新措施走编撰发

* 本文根据作者在第二十一次全国皮书年会（2020）上的主题发言录音整理而成，已经本人审阅。

** 赵新力，国际欧亚科学院院士、中国科学中心主席团原常委兼秘书长，中国科学技术部二级专技，清华大学中国科技政策研究中心资深顾问、研究员，中国科学技术交流中心原正局级副主任，中国常驻联合国代表团原正局级科技参赞。

行国际化、选题科学精准化、保质增效品牌化的“三化”之路。

关键词： 皮书　科技创新类皮书　国际影响力

一　皮书的作用不仅仅是书

时至今日，10 年间，笔者已经参与主编了 10 本皮书。其中：由福建师范大学原校长李建平教授、福建省新闻出版局原党组书记李闽榕教授和笔者一起主编，福建师范大学经济学院黄茂兴教授带领年轻团队为主执笔的“G20 国家创新竞争力总体评价与比较分析”（收录在《G20 国家创新竞争力黄皮书：二十国集团（G20）国家创新竞争力发展报告（2001～2010）》）2012 年获得了第三届“优秀皮书报告奖”一等奖，《世界创新竞争力黄皮书：世界创新竞争力发展报告（2001～2012）》2013 年获得福建省政府第十届社科优秀成果一等奖，《G20 国家创新竞争力黄皮书：二十国集团（G20）国家创新竞争力发展报告（2013～2014）》2015 年获得第六届“优秀皮书奖”二等奖，《世界创新竞争力黄皮书：世界创新竞争力发展报告（2001～2012）》2015 年获得中国教育部第七届高等学校科学研究优秀成果奖三等奖。

2013 年，《世界创新竞争力黄皮书：世界创新竞争力发展报告（2001～2012）》英文版 *Report on World Innovation Competitiveness Development 2001 –2012* 由英国 Paths 国际出版公司出版。2014 年 4 月，我们在联合国总部举行了黄皮书发布会。联合国副秘书长兼联合国大学校长大卫·马龙博士主持发布会。至今为止，这场发布会仍然是在联合国总部举办的唯一一场中国智库成果发布会。

由笔者、李闽榕教授和黄茂兴教授主编，由笔者带领的中国科学技术交流中心智库团队为主编写的《金砖国家黄皮书：金砖国家综合创新竞争力发展报告（2017）》得到了金砖国家科技创新部门的高度认可，是 2017 年金砖国家科技创新部长级会议唯一提供给各国部长的智库报告。世界最大的专业著作出版集团 Springer 在《金砖国家黄皮书：金砖国家综合创新竞争力发展报告（2017）》基础上，将此书作为中国梦和中国发展道路系列丛书之一，全额资助翻译和出版了 *Research Series on the Chinese Dream and China's Development Path*：*BRICS Innovative Competitiveness Report 2017*。

2020 年，我们编写出版了《金砖国家蓝皮书：金砖国家综合创新竞争力研究报告（2019）》。在此基础上，在金砖国家中方智库理事会的资助下，我们联络金砖五国的专家学者一起编写了 *BRICS Comprehensive Innovation Competitiveness Report 2020*。编写过程中，五国的专家学者增加了相互理解和信任。如在 2020 年 9 月某发展中大国同意中国领导人提出的在杨凌建立“上海合作组织杨凌农业技术交流培训示范基地”的关键时刻，相关国家的专家学者发挥了积极作用。

可以说，皮书发展到现在，它的作用已经远远超过了一本书。总结起来，皮书可以至少发挥如下五方面的作用。

一是国内外交流与合作的平台。联络国内外智库及其专家共同编写皮书，用英文出版和发布相关的智库报告，促进了所有编写人员及其所在单位的国内外交流与合作。

二是整合和培养队伍的抓手。从经验来讲，利用出皮书的机会，福建师范大学、中国科学技术交流中心、国际欧亚科学院中国科学中心、中智科学技术评价研究中心不但培养和锻炼了本单位的队伍，而且还形成了国内外专家学者一起合作研究的人际网络。

三是扩大单位影响力的工具。中国科学技术交流中心能够从2016年开始连续5年被美国宾夕法尼亚大学《全球智库报告》列入全球35家“最具创新政策思想和建议智库”榜单，联络国内外专家学者和智库编写、发布中英文皮书功不可没。

四是为多边外交做贡献。事实上，金砖国家之间在很多事情上想要达成共识并不容易。而利用编写皮书的机会，我们可以团结金砖国家的专家、学者一起开展研究合作，从另外的角度为外交做贡献。

五是促进业务梳理，提高研究水平和学术地位。通过编写皮书，我们进一步梳理了单位的业务，提高了编写人员的学术地位和研究水平，并激励我们对若干本皮书进行翻译、修订，更新数据后出版了英文专著。

二　面对新形势，走进新征程

（一）面对新形势、面向新需求

皮书不是一种供普通大众阅读的出版物，而是一种根据读者需求程度的不同，供某专业或与之相关人员查阅的资料，是具有很强实用性的资讯类产品。皮书都要有周期性，即相对固定的、连续的时间跨度，一般以年为单位。皮书和论文集的区别在于，论文集研究信息和数据的时效性、历史可比性及其内在逻辑性不及皮书。

人类目前正面临百年不遇的大变局和百年不遇的大疫情，中华民族正处于实现复兴百年梦的新征程中。人类摆脱贫困、广大发展中国家实现工业化和信息化、人类进入智能社会、新工业革命、科学技术的革命性突破等，也都是经历几十年甚至上百年的时间跨度。面对“三个百年”新形势，科学地、定量定性相结合地评价中国的发展态势、确定发展的主攻方向、预测未来的发展状况、制定和实施有效的政策措施至关重要。皮书恰恰是支撑这类科学研判的重要工具，发布权威、专业研判结果和提出智库建议的载体。历史的、辩证的，具有前瞻性、全面性、精准针对性、生态系统进化等特征的科学分析、判断和决策对皮书的及时性、准确性、科学性方面的要求日益提升。

科技创新是中国未来相当长时间内经济社会发展的核心和关键。科技创新类皮书要坚持“面向世界科技前沿、面向经济主战场、面向国家重大需求、面向人民生命健康”的“四个面向”的新需求，为科技创新“富民、健民、福民”而努力奋斗。

（二）采取新措施、走向新征程

为了进一步发挥好皮书的作用，建议在继承和发扬既有的良好做法基础上，大胆探索新思路、新方法。

一是编撰发行国际化。中国需要宣传，需要讲好中国故事，需要别人正确理解中国，同时整个人类的发展也需要借鉴中国的发展经验。涉及国家发展预测和评价的皮书，需要组织国际作者一起编写。建议向境外的图书馆、共建“一带一路”国家、联合国及其下属的专业化国际组织、高等院校、科研机构、智库等捐赠或者推送皮书，增加国外的皮书储备量，提升皮书的国际影响力。

二是选题科学精准化。面向国家和人类发展需要和热点，面向学术前沿，面向经济繁荣、社会进步，组织专业化的选题评审专家团队帮助课题组明确皮书选题方向，对作者进行相关的培训，提高作者把握选题的能力。

三是保质增效品牌化。在保证质量的前提下，适当增加皮书数量。保证质量很重要，适当增加增量也是时代所需。国家有关方面、出版机构应采取有力措施帮助研创单位和作者本人打造品牌皮书。

新阶段，中国皮书除了要采取新措施走上述“三化”之路外，还应该加大投入，设立专门的基金或者在既有的资助项目中加大对皮书的资助额度和资助数量；进一步完善对皮书作者、责任编辑和出版机构的激励机制。

相信在大家的共同努力下，中国皮书必将伴随着中华民族实现伟大复兴的新征程而蓬勃发展。

参考文献

Zhao Xinli，Alexander Sokolov，José Eduardo Cassiolato，Li Minrong，Liu Jianfei，Li Zhiqing，*BRICS Comprehensive Innovation Competitiveness Report 2020*，科学技术文献出版社，2021。

赵新力、李闽榕、黄茂兴主编《金砖国家综合创新竞争力研究报告（2019）》，社会科学文献出版社，2020。

李建平、李闽榕、赵新力、周天勇主编《二十国集团（G20）国家创新竞争力发展报告（2017～2018）》，社会科学文献出版社，2018。

李建平、李闽榕、赵新力主编《世界创新竞争力发展报告（2011～2017）》，社会科学文献出版社，2018。

Xinli Zhao, Minrong Li, Maoxing Huang, Alexander Sokolov, *Research Series on the Chinese Dream* and China's *Development Path: BRICS Innovative Competitiveness Report 2017*, https://doi.org/10.1007/978-981-10-8078-4.

赵新力、李闽榕、黄茂兴主编《金砖国家综合创新竞争力发展报告（2017）》，社会科学文献出版社，2017。

李建平、李闽榕、赵新力、周天勇主编《二十国集团（G20）国家创新竞争力发展报告（2016～2017）》，社会科学文献出版社，2017。

李建平、李闽榕、赵新力、周天勇主编《二十国集团（G20）国家创新竞争力发展报告（2015～2016）》，社会科学文献出版社，2016。

李建平、李闽榕、赵新力主编《二十国集团（G20）国家创新竞争力发展报告（2013～2014）》，社会科学文献出版社，2014。

李建平、李闽榕、赵新力主编《二十国集团（G20）国家创新竞争力发展报告（2011～2013）》，社会科学文献出版社，2013。

Li Jianping, Li Minrong, Zhao Xinli, *Report on World Innovation Competitiveness Development (2001－2012)*, UK: Paths International Ltd., 2013.

Li Jianping, Li Minrong, Zhao Xinli, *The Competitiveness of G20 Nations (2001－2010)*, UK: Paths International Ltd., 2013.

李建平、李闽榕、赵新力主编《世界创新竞争力发展报告（2001～2012）》，社会科学文献出版社，2013。

李建平、李闽榕、赵新力主编《二十国集团（G20）国家创新竞争力发展报告（2001～2010）》，社会科学文献出版社，2011。

正确认识皮书的价值推动首都新型智库高质量发展*

荣大力**

摘　要： 社会科学文献出版社策划推出皮书系列始于1998年，经过20余年的精心培育和创新发展，皮书已成为推动中国特色新型智库建设和繁荣发展中国特色哲学社会科学的重要成果形式。北京市哲学社会科学研究基地建设始于2004年，在繁荣发展首都哲学社会科学和建设首都新型智库的创新实践中发挥着越来越重要的作用。2017年，研究基地与社会科学文献出版社共同策划推出了"北京市哲学社会科学研究基地智库报告系列丛书"，至今已出版皮书30本，共11种。皮书不仅已成为研究基地自身的一张金名片，更成为

* 本文根据作者在第二十一次全国皮书年会（2020）上的主题发言录音整理而成，已经本人审阅。

** 荣大力，北京市社会科学界联合会党组成员、副主席，北京市哲学社会科学规划办公室副主任，北京市政协委员、学习委分党组成员、副主任。

研究基地发挥新型智库的重要载体和有力武器。下一步，研究基地将通过加强顶层设计、做好对接、完善考评机制、促进成果转化，推动皮书质量的提升和首都新型智库的高质量发展。

关键词： 皮书　首都新型智库　高质量发展

自20世纪90年代末社会科学文献出版社策划推出皮书系列以来，皮书逐步发展成为广大哲学社会科学工作者服务中国特色社会主义现代化建设的重要应用对策性智库成果。全国皮书年会自2000年成功举办以来，已成为皮书人共同的学术家园，不仅对皮书研创产生了巨大影响，也为皮书成为中国乃至世界知名的智库成果品牌发挥了不可替代的作用。近年来，在北京社科工作的实践中，我们积极推动在高质量发展场景下的皮书研创、出版与传播，助力首都新型智库建设。

一　皮书有助于推动哲学社会科学事业的发展

中国社会科学院社会科学文献出版社坚持皮书事业20余年，有远见、水平高，专家学者围绕不同的领域，十余年磨一剑，产出了众多的成果，这些成果关注经济社会发展中的重点和热点问题，关注行业领域的进步和发展，很好地实现了理论与实践的结合，是社会科学有力服务于政治、经济、文化、社会、生态文明和党的建设的重要体现。在知行合一上有一种很突出的现象，就是搞理论研究的偏理论，做实际工作的理论素养不够，体现在研究报告上就是理论和实践结合度不够，容易形成“两张皮”，因此在理论与实践结合上，在知行合一上，皮书突出地做到了以下几点。一是实践性。皮书不仅理论性很强，而且实践性处处可见，主要体现在皮书注重专业性与应用性的结合，特别是理论和实践相结合，使得成果具有影响力。二是专业性。每一本皮书都围绕一定的专业领域开展研究，重点突出，近500种皮书可谓百花齐放、众彩纷呈。三是原创性。皮书的每篇报告都要求是作者的原始创造，通过数据资料分析，归纳总结问题，形成对策建议，绝不是“炒冷饭”和简单拼凑。四是持续性。现在信息大爆炸，热点问题多，往往一个热点出现，大家都扑上去研究。而皮书能够跟踪某一领域、某一行业的问题，持续开展研究，逐渐形成品牌和影响力。五是国际性。皮书具有一定的国际视野，有的皮书已经与国外出版机构开展合作，面向海外发行，进行更为广泛的传播，凸显了国际性。六是文献性。每一本皮书，都是记录和反映一个时期和一定历史阶段的重要成果，为专业人士提供了专业化的资料，有重要的文献价值。

二 皮书体现了对马克思主义立场、观点和方法的应用

皮书之所以会产生越来越大的影响力，归根结底是因为它坚持和继承了马克思主义的唯物史观。一是始终坚持人民立场。人民立场是根本方向，皮书站在人民的角度，对人民有益，对社会有益，所以其天地很宽阔。二是始终贯彻马克思主义认识论。“从实践中来，到实践中去”，通过马克思主义认识论来解决皮

书的思维、结构、逻辑、内容、结论、建议，既可以防止片面性，也可以防止简单化。如北京交通治理，绝不仅仅是交通问题，与社会发展的阶段、人口众多的国情、首都的地位、历史沿革等都有关系，需要辩证地看。工作在一线的干部，理论素养如果不能及时提高，长期下去就可能出现经验主义、形而上学的问题，理论逻辑的能力就不强；同样，搞理论的专家学者如果不接触实践，仅仅躲在书斋里搞演绎推理，时间长了容易出现唯心主义的问题。科学的发展往往会带来哲学观念上的变化，而哲学思想的变革也会为科学的洞见提供广阔的思想空间，正如德国古典哲学创始人康德所说，“没有科学史的科学哲学是空洞的，没有科学哲学的科学史是盲目的”。三是始终突出人才培养。皮书是培养人才的重要平台和重要渠道，皮书事业要更好地发展，关键在“人”。人是皮书事业的主体，最重要的是，工作在一线的干部要重视理论思维，而理论研究工作者要多和实践相结合。只有培养出这样一批人，皮书事业才能发展得更好，在成果转化上才会更丰富、更有效。

三　借助蓝皮书高端平台，引导社科研究基地打造智库标志成果

为贯彻落实中共中央和北京市委关于繁荣发展哲学社会科学的要求，北京市哲学社会科学规划办公室和北京市教育委员会自2004 年起，依托首都高校和科研机构的优势学科，建设了一批北京市哲学社会科学研究基地。研究基地的研究方向基本涵盖了政治、经济、文化、社会、生态文明和党的建设等各个领域，研

究基地在优化整合社科资源、资政育人、体制创新、服务首都改革发展等方面发挥了生力军作用，为首都新型智库建设进行了有益的积极探索，成为首都新型智库建设的重要力量。为鼓励、支持研究基地围绕自身的研究领域和研究方向开展持续深入研究，形成研究品牌，从2013年开始，我们对研究基地的年度报告进行专项出版资助，自2015年起，择优立项并作为北京市社科基金一般项目予以支持，以推动研究基地成果深度转化，打造首都新型智库拳头产品。从2017年开始，我们与社会科学文献出版社进行深度合作，借助蓝皮书这一高端品牌，围绕新时期首都改革发展的重要领域以及热点难点问题，共同推出了“北京市哲学社会科学研究基地智库报告系列丛书”，每年1套，到目前为止，已连续资助出版30本蓝皮书。从效果上看，都产生了较好的社会影响。“京津冀蓝皮书”“法治政府蓝皮书”“健康城市蓝皮书”“中央商务区蓝皮书”“平安中国蓝皮书”“首都文化贸易蓝皮书”“北京人口蓝皮书”等在近几年全国皮书和皮书报告评奖中取得较好成绩。如“京津冀蓝皮书”4次获得“优秀皮书奖”一等奖，2次获得“优秀皮书奖”二等奖。

四　立足首都改革发展实践，提升皮书研创质量和水平

蓝皮书作为中国社会科学院社会科学文献出版社着力打造的智库品牌，为推动中国特色新型智库建设、推动经济社会健康发展发挥了重要作用。在推动北京市哲学社会科学研究基地提升皮书研创质量方面，我们采取了如下做法：一是在皮书选题上，坚

持以习近平新时代中国特色社会主义思想为指导，紧紧围绕“建设一个什么样的首都，怎样建设首都”这一重大时代课题，把握首都发展的阶段性特征和重点任务，立足首都战略定位，密切跟踪首都改革发展的新情况、新问题，以扎实有力的研究成果积极服务市委、市政府中心工作；二是在科研组织形式上，充分发挥研究基地的整合优势和开放平台作用，组建结构合理、内外联合、人员稳定、实际部门人员占有一定比例的创作团队，进行联合攻关和协同创新；三是在项目管理上，严格项目开题制度，项目负责人要认真筹划并及时召开开题会，邀请专家学者及市委、市政府相关部门负责同志参会，加强理论研究与实际部门的工作对接，明确目标任务、研究思路和责任分工；四是在宣传推介上，除了组织蓝皮书发布会之外，还搭建成果报送渠道，及时将相关研究报告报送党政机关和相关实际部门。

同时，在多年的合作实践中，对高质量蓝皮书的要求，我们也有三点体会：一是要突出原创性和实证性。皮书的研创不仅要以原创性的数据资料为分析基础，还要运用科学、实证的研究方法对数据资料进行分析，得出原创性的结论和对策建议。二是要突出专业性和前瞻性。不仅皮书的研创团队要专业、有影响力，项目的研究和报告的写作也要在学术积淀的基础上凸显政策研究的专业水准，要在理论探讨上反映学术前沿问题，并能通过现有数据分析推断该研究领域的发展趋势，同时应关注现实生活的热点、重点问题，致力于解决政府、媒体、公众关注的问题，回应社会关切，尤其是能够对某种深远且持久的战略问题进行理论研究分析。三是要突出连续性和时效性。蓝皮书要形成对某一专业领域相关问题的持续关注和跟踪研究，进而形成系列的研究成果，既要有对局部性问题的趋势性把握，也要有对全局性问题的前瞻性研判，同时还要兼顾时效性，不仅要有最新的数据资料作为支撑，还要注重皮书的出版时间和社会效益，以利于研究成果的适时有效传播。

五　以蓝皮书质量提升为目标，推动首都新型智库高质量发展

党的十八大以来，党和国家高度重视中国特色新型智库建设。2015 年 1 月，中共中央办公厅、国务院办公厅印发了《关于加强中国特色新型智库建设的意见》。2015 年 11 月，中央全面深化改革领导小组审议通过了《国家高端智库建设试点工作方案》，我国智库建设发展进入“快车道”。智库在服务科学决策、解决现实问题、凝聚民众共识、增进国际合作等方面，发挥着越来越大的作用，成为国家软实力的重要组成部分。从 2017 年开始，北京市先后制定并出台了《关于加强首都新型智库建设的实施意见》《首都高端智库试点单位建设管理办法》等一整套制度，目前已初步形成以若干首都高端智库试点单位为引领、以一批北京市哲学社会科学研究基地为支撑的首都新型智库体系。

北京市作为哲学社会科学研究和高端智库人才最富集的地区，理应在建设新型智库方面发挥引领和示范作用。蓝皮书是中国社会科学院社会科学文献出版社创立的具有深厚学术内涵和独特智库功能的权威品牌。如何通过强强联合，产生聚合裂变反应，以高质量、高影响力的研究成果推动首都新型智库的高质量发展，将成为研究基地下一步实现新突破的一项重要工作。为

此，可以从以下几方面着力。一是出题目。加强顶层设计，结合每年重大决策咨询项目和北京市社科基金项目课题指南，积极引导智库单位聚焦“建设一个什么样的首都，怎样建设首都”这一重大时代课题，围绕首都“四个中心”功能建设、京津冀协同发展、有序疏解非首都功能、城市副中心建设、减量发展等具有首都特色的重大理论与现实问题积极开展研究。二是做对接。每年集中组织包括研究基地在内的相关智库单位与市委、市政府实际部门进行工作对接，围绕市委、市政府重大决策咨询需求开展专题调研，推动智库与政府决策部门的对接合作，以获取更加直接、更加翔实的数据资料，为高质量的研究报告提供一手资料。三是重考评。遵循智库建设规律，深化管理体制改革，不断完善符合智库发展规律和运行特点的经费管理和考核评估机制，兼顾决策影响力、社会影响力、国际影响力，把智库报告系列丛书的内容质量作为智库体系建设的一项重点内容进行考核评价，激发智库人才活力和创造力。四是促转化。我们将进一步深化与社会科学文献出版社的务实合作，把蓝皮书作为高质量建设首都新型智库的重要抓手，打造决策研究成果平台和品牌，精心规划设计、严密组织实施，力求推出更多更好的智库成果。

以蓝皮书为抓手推进新型城市智库建设*

许　鹏**

摘　要： 广州市社会科学院编撰的广州蓝皮书在数量基本稳定以后，狠抓蓝皮书质量的提升，并将提高蓝皮书质量的办法概括为领导班子高度重视、出版单位大力支持、研创团队辛勤耕耘，具体来说，就是通过采取优选研创主题、改进研创方法、深化研创内容、搭建合作网络、做实宣传推介、强化流程管理系列措施来打磨蓝皮书的品质。由此，广州蓝皮书与广州市社会科学院新型城市智库建设相互促进，形成了良性循环，主要体现在广州市社会科学院对蓝皮书在智库发展中做出清晰定位、以科研体系支撑蓝皮书事业发展和蓝皮书的决策支持作用日益凸显。广州蓝皮书的品牌效应逐步形成，已成为广州市社会科学院推进新型城市智库建设的重要抓手。

---

* 本文根据作者在第二十一次全国皮书年会（2020）闭幕式上的总结发言录音整理而成，已经本人审阅。

** 许鹏，广州市社会科学院副院长。

关键词： 广州蓝皮书　高质量发展　新型城市智库建设

广州市社会科学院将蓝皮书作为重要的学术平台来建设，目前共编撰出版9种蓝皮书，除2020年新编的《广州金融发展报告》外，其余8种都被纳入社会科学文献出版社出版的“广州蓝皮书”系列，它们已成为广州市社会科学院推进新型城市智库建设的重要抓手。

一　蓝皮书工作不断进步

广州市社会科学院蓝皮书工作的发展与全国皮书事业大致同步，前期为数量扩张阶段，近期为质量提升阶段。

（一）数量扩张阶段

广州市社会科学院是华南地区最早编撰蓝皮书的科研机构，20世纪90年代中期即开始编撰“广州经济蓝皮书”并由本地出版社出版。从2004年开始，广州市社会科学院与社会科学文献出版社携手合作，出版的第一本蓝皮书为《2005年：广州经济发展报告》。

2013年基本完成数量扩张，当年起，广州市社会科学院每年编撰并在社会科学文献出版社出版的“广州蓝皮书”稳定在8本，内容涵盖广州经济社会发展的主要领域，主要包括三类（以2020年出版的蓝皮书为例）：一是综合性蓝皮书，包括《广州经济发展报告》《广州社会发展报告》；二是专门领域蓝皮书，包括《广州国际商贸中心发展报告》《广州文化产业发展报告》《广州城乡融合发展报告》《广州城市国际化发展报告》；三是发展动力类蓝皮书，包括《广州创新型城市发展报告》《广州数字经济发展报告》。

（二）质量提升阶段

当蓝皮书规模稳定下来后，广州市社会科学院便想方设法提高蓝皮书的质量。不必讳言，广州市社会科学院研创的蓝皮书质量曾经长期在中低位徘徊，2015 年时曾有 5 本蓝皮书排在全国后 20% 且没有一本排到全国前 20% 。但近几年一年一个台阶，至 2018 年时已完全颠倒过来，当年有 5 本蓝皮书位居全国前 20% 且没有一本排在全国后 20% ；2019 年更进一步，排到全国前 20% 的蓝皮书增加到 6 本（见表 1），广州市社会科学院研创的蓝皮书质量在稳步提升。

表 1　2015～2019 年广州市社会科学院研创的广州蓝皮书排名情况

书名	2015 年版		2016 年版		2017 年版		2018 年版		2019 年版	
	综合排名	位次	综合排名	位次	综合排名	位次	综合排名	位次	综合排名	位次
广州经济发展报告	116		37	前 20%	7	前 20%	13	前 20%	9	前 20%
广州社会保障发展报告(广州社会发展报告)	200		70		59	前 20%	4	前 20%	8	前 20%
广州创新型城市发展报告	189		77		50	前 20%	31	前 20%	20	前 20%
广州商贸业发展报告(广州国际商贸中心发展报告)	272	后 20%	121		82		23	前 20%	31	前 20%

续表

书名	2015 年版		2016 年版		2017 年版		2018 年版		2019 年版	
	综合排名	位次	综合排名	位次	综合排名	位次	综合排名	位次	综合排名	位次
广州城市国际化发展报告	296	后 20%	155		115		56	前 20%	172	
广州汽车产业发展报告	252	后 20%	116		154		127		187	
广州文化创意产业发展报告	275	后 20%	96		169		133		45	前 20%
广州农村发展报告	269	后 20%	202		198		190		61	前 20%
全国参评皮书总数(种)	308		332		374		426		419	

资料来源：作者根据皮书研究院历年反馈的皮书评价结果整理。

广州蓝皮书在分类评价当中被归为地方经济、地方社会、地方文化三类，其中地方经济类 6 本，地方社会类、地方文化类各 1 本。在地方经济类中，广州市社会科学院有 4 本蓝皮书排在前 5 名。此外，在地方社会类、地方文化类排名第一的都是广州市社会科学院的蓝皮书（见表 2），这在一定程度上说明广州市社会科学院的努力工作得到了全国同行的认可。

表 2　2019 年版广州蓝皮书综合排名与分类排名

书名	综合排名	分类排名
广州经济发展报告(2019)	10	地方经济类 1
广州创新型城市发展报告(2019)	20	地方经济类 2
广州国际商贸中心发展报告(2019)	31	地方经济类 3
广州农村发展报告(2019)	61	地方经济类 5
广州城市国际化发展报告(2019)	172	地方经济类 26

续表

书名	综合排名	分类排名
广州汽车产业发展报告(2019)	187	地方经济类 29
广州社会发展报告(2019)	8	地方社会类 1
广州文化创意产业发展报告(2019)	45	地方文化类 1

资料来源：作者根据皮书研究院反馈的 2019 年版皮书评价结果整理。

二　精心打磨蓝皮书品质

提高蓝皮书质量的办法概括起来就是三句话：领导班子高度重视、出版单位大力支持、研创团队辛勤耕耘。

为了提高广州蓝皮书的质量，近年来广州市社会科学院主要采取了以下措施。

（一）优选研创主题

在社会科学文献出版社的指导和支持下，近年来广州市社会科学院适应广州经济社会发展的需要，不断优化广州蓝皮书的研创主题，包括：2018 年将《广州社会保障发展报告》调整为《广州社会发展报告》；2019 年将《广州商贸业发展报告》调整为《广州国际商贸中心发展报告》；2020 年更改 3 本蓝皮书主题（书名），将《广州文化创意产业发展报告》调整为《广州文化产业发展报告》，将《广州农村发展报告》调整为《广州城乡融合发展报告》，将《广州汽车产业发展报告》调整为《广州数字经济发展报告》。通过主题调整，总体上完善了广州蓝皮书的研创框架。

（二）改进研创方法

首先，学习借鉴成熟、先进的方法，提高蓝皮书编撰方法的科学性；其次，支持研创团队开展自主调研，采集一手数据；最后，更多采用定量分析方法，构建科学评价体系和数理分析模型。

（三）深化研创内容

在深化研创内容方面的主要做法是：精心构建总报告的内容体系；抓住主题范围的热点、重点和难点；注重分析的深度、观点的新度和对策的准度，特别是分析的深度和对策的准度十分重要。

（四）搭建合作网络

通过蓝皮书约（征）稿、课题合作、组织研讨会、书稿评审等方式，汇聚高校、科研机构、政府部门、企业等方面智力资源。2019 年参与广州市社会科学院蓝皮书研创的作者有 247 名，其中院内 92 名，院外 155 名，院外作者占比为 63%，由此形成了院内外紧密联系的合作网络。

（五）做实宣传推介

除了每本蓝皮书召开成果发布会或专题研讨会，通过新媒体等多途径开展机动灵活的宣传，还通过政府新闻平台召开广州蓝皮书专题新闻发布会，不断扩大广州蓝皮书的社会影响力。

（六）强化流程管理

建立健全蓝皮书工作专项管理制度和实施规范，由科研管理部门加强对蓝皮书工作的动态管理，主要流程包括研究动员、进度管理、书稿评审、成果出版和宣传推介。除了管理引导，更为重要的是蓝皮书研创团队的团结协作，这才是蓝皮书质量不断提升的根本动力和重要保障。

三　推进智库建设的抓手

在广州市社会科学院，蓝皮书与新型城市智库建设相互促进，形成了良性循环，主要体现在以下三个方面。

（一）对蓝皮书在智库发展中做出清晰定位

广州市社会科学院作为社科智库的基本职责就是研究广州、服务决策。近年来，广州市社会科学院学习借鉴国内外智库的发展经验，从地方社会科学院的实际出发，将自身定位为马克思主义的重要理论阵地、党的意识形态工作重镇和新型城市智库，在总体建设思路上坚持实行“三重大一舆论”（重大课题+重大平台+重大活动+舆论引导）的工作布局。广州蓝皮书属于广州市社会科学院的重大学术成果，得到系列重大课题的支撑，以此为依托广州市社会科学院组织开展了重大学术活动，并发挥了蓝皮书的舆论引导功能。

（二）以科研体系支撑蓝皮书事业发展

广州蓝皮书成果的来源为以重大课题为主体的自主科研课题体系，包括重大课题、专项课题和青年课题。外来科研课题，包括纵向立项课题，对蓝皮书研创也起到了支撑作用。实际上，蓝皮书研创工作是广州市社会科学院新型城市智库建设实现战略转型、整体跃升的缩影。

（三）蓝皮书的决策支持作用日益凸显

广州市社会科学院积极推动蓝皮书成果转化，充分发挥其决策服务功能。2019 年，广州市社会科学院各蓝皮书研创团队将部分研究成果转化为决策咨询报告，并通过研究专报、《领导参阅》等渠道上报省市领导，获批示率达 50% 以上。多位省市领导以及党委、政府、人大、政协和相关部门主动要求调阅广州市社会科学院编撰的广州蓝皮书。可以说，广州蓝皮书的品牌效应逐步形成，已成为广州市社会科学院推进新型城市智库建设的重要抓手。

地方文化智库建设与文化蓝皮书研创*

王长寿**

摘　要：地方社会科学院作为地方智库的地位越来越明确，地方文化智库应为地方党委和政府决策服务。陕西省社会科学院在恢复建院40多年来的发展历程中，在智库建设方面进行了一些探索。在文化研究方面以研究陕西文化发展重大问题为主要抓手，秉承“课题来自实践中、成果写在大地上”的科研理念，完成了一批高质量的资政报告，为陕西文化大发展、大繁荣以及文化强省建设提供了坚实的理论保障、精神动力和智力支撑。

关键词：地方社会科学院　地方文化智库　智库建设　陕西文化蓝皮书

---

* 本文根据作者在第二十一次全国皮书年会（2020）上的主题发言录音整理而成，已经本人审阅。

** 王长寿，陕西省社会科学院文化与历史研究所所长，研究方向为文化产业、公共文化、区域经济。

全国各省份的社会科学院从改革开放后恢复建院算起，大多走过了40多年的历程。但地方社会科学院作为主要的地方智库，应该是近20年的事情。地方文化智库建设的快速推进，更是在党的十八大以来把文化发展作为党和国家战略任务的大背景下实现的。

一　陕西省社会科学院智库建设情况

自21世纪初以来，中央对地方社会科学院的职能与服务对象进行了明确的界定。十八大以来，以习近平同志为核心的党中央高度重视中国特色新型智库建设。2015年1月20日，中共中央办公厅、国务院办公厅印发《关于加强中国特色新型智库建设的意见》（以下简称《意见》），明确提出“地方社会科学院、党校、行政学院要着力为地方党委和政府决策服务，有条件的要为中央有关部门提供决策咨询服务”。《意见》进一步明确地方社会科学院的智库地位，为地方社会科学院向智库转型提供了指引与遵循。

陕西省社会科学院是1960年在中国科学院陕西分院哲学社会科学组的基础上成立的，1962年缩编为哲学社会科学研究所，1969年撤销，1978年恢复研究所建制，1979年4月2日恢复为陕西省社会科学院。恢复后的陕西省社会科学院在所室设置上基本和全国一样，有哲学研究所、经济研究所、文学研究所、历史研究所、社会学研究所等，以及具有地方特色的延安文艺研究所、陕甘宁边区历史研究所等，以基础研究为主。地方社会科学院的研究经费问题，是长期困扰地方社会科学院发展的一个重要问题。随着市场经济的发展，地方社会科学院也在探索走出经费困境，为现实服务的路径。1999 年，陕西省社会科学院进行了第一次所室调整，调整了部分基础学科，文学研究所与历史研究所合并成了文化与历史研究所。2004 年，中共中央印发的《关于进一步繁荣发展哲学社会科学的意见》，明确“要使哲学社会科学界成为党和政府工作的‘思想库’和‘智囊团’”。中央文件为地方社会科学院明确定位，地方社会科学院为地方党政服务，是省委、省政府的“思想库”“智囊团”。此后，全国各地方社会科学院都在努力向这个定位转型。2005 年，陕西省社会科学院进行了第二次所室调整，按照政治、经济、社会、文化四大建设分别成立了相应的研究所，这两次所室调整以合并为主，是顺应国家对精简机构的要求，也是陕西省社会科学院由基础研究向应用研究转变的一种尝试。这两次所室调整的目的是压缩基础研究，加强应用对策研究，结果是基础研究萎缩了，应用研究却没有发展起来，没有让陕西省社会科学院走出经费和发展困境，反而更加边缘化。陕西省社会科学院作为地方社会科学院的代表，也是在省、委省政府的领导下，经历了不断的实践探索和认识统一，直至国家明确地方社会科学院的智库地位之后，陕西省社会科学院的发展才有了明确的目标，近几年来的智库建设也取得了重大进展。

二　陕西省社会科学院文化智库建设成效

2009 年，陕西省社会科学院开始了新一轮改革，这次改革，最大的变化是经济类研究所由一个增加到三个，分别是经济研究所、农村发展研究所、金融投资研究所，新设了文学艺术研究所、文化产业与现代传播研究所，开始了地方社会科学院向智库转型的探索。经过三年的运行，效果十分明显。文化产业与现代传播研究所的成立，标志着陕西省社会科学院有了专门的文化智库，文化智库建设迈上了新的台阶。文化产业与现代传播研究所是在全国社会科学院系统中成立的第一个从事文化产业发展研究的实体研究机构，有十几个科研人员，这在全国当时所有从事文化产业研究的机构中人数也是比较多的。

陕西省社会科学院文化产业与现代传播研究所的成立，得益于我国把文化建设上升为国家战略的大背景和陕西对文化发展的高度重视。为满足人民的文化消费需求、转变经济增长方式及应对文化安全挑战，国家文件中正式提出了发展文化产业的任务和要求。2002 年，党的十六大报告提出积极发展文化事业和文化产业，深化文化体制改革，将文化建设提到了前所未有的战略高度；2007 年，党的十七大全面部署了推动文化大发展大繁荣的任务，拉开文化大发展、大繁荣的序幕。这给地方文化智库建设提供了机遇，各省文化类研究所和研究中心纷纷成立。陕西省对文化建设的重视也可以从各个时期的发展目标中体现出来，从 2002 年提出的加快建设西部经济强省，到 2007 年的建设西部强省，实现经济强、科教强、文化强；再到 2012 年全面建设西部强省，实现经济强、科教强、文化强、百姓富、生态美；最后到 2017 年的建设富裕、和谐、美丽陕西，奋力谱写追赶超越新篇章，提出文化资源优势充分发挥，社会文明程度全面提升。不断变换的目标，反映了陕西对推动文化发展的决心更加坚定、力度更加有力。

文化产业与现代传播研究所一成立，就深入参与了陕西文化体制改革的一系列实践活动。从2009年开始，陕西文化体制改革快速推进，陕西省委、省政府先后出台了《关于加快推进省直文化单位体制改革的实施意见》，印发了《省属经营性文化事业单位转制为企业人力资源和社会保障有关问题的处理意见》、《省属经营性文化单位考核暂行办法》和《省属文化企业国有资产变动管理暂行办法》3个配套文件，对改革中的收入分配、养老保险、医疗保险、国有资产管理、经营考核等内容进行了明确规定。2009年，省直14家经营性文化单位完成转企改制任务，涉及1.2万余人。2010年，完成市级经营性文化单位转企改制任务，共改制192家文化单位，涉及9674人，组建了84个公司。同年完成了市、县两级三局合一和文化市场综合执法机构的组建。2011年6月底，完成县级经营性文化单位转企改制任务，共改制221家文化单位，涉及7712人，包括81家国有文艺院团、86家电影公司和54家电影院。三年三大步，省、市、县三级共完成转企改制单位427家，涉及约2.94万人。文化体制改革，盘活了陕西文化资源，激发了陕西文化生产力，培育了一大批文化市场主体。至今，以陕西文化产业投资控股（集团）有限公司、西部电影集团、陕西新华出版传媒集团、陕西广电融媒体集团、陕西日报传媒集团、陕西演艺集团、华商传媒集团、西安曲江文化产业投资（集团）有限公司等大型国有重点文化企业集团为支撑的文化产业发展格局没有大的改变。同时，大唐西市文化产业投资集团有限公司、关中民俗艺术博物院、西安印刷包装产业基地发展有限公司、华夏文旅等一批大型民营文化企业得到了发展。在推进陕西文化体制改革与产业发展的过程中，文化产业与现代传播研究所的同人们深入基层开展调研，撰写资政报告，积极发挥报告的资政和宣传功能；完成了《陕西文化产业发展战略研究》等一批高质量研究报告和学术成果，为省委、省政府制定规划与政策提供重要参考意见，得到省委、省政府的高度肯定。由陕西省社会科学院研创、中国社会科学院社会科学文献出版社出版的年度报告《陕西蓝皮书：陕西文化发展报告》（以下简称“陕西文化蓝皮书”）从 2009 年开始到 2021 年共 13 本，蓝皮书每年的总报告，都对当年陕西文化发展的基本情况进行总结，分析存在的问题，提出对策建议。分行业报告更是涉及了陕西文化建设的方方面面，成了反映陕西文化发展的权威工具书。

三　陕西文化蓝皮书的研创

陕西文化蓝皮书的诞生，是陕西省社会科学院党组果断决策和高度重视的结果。陕西省社会科学院编撰的发展报告最早是一本综合性研究报告，后来分为经济和社会两本体量很小的研究报告。2008 年陕西省社会科学院党组在推进院改革发展的同时，决定创建高水平的经济、文化、社会智库平台，与中国社会科学院社会科学文献出版社合作出版年度连续研究报告：《陕西蓝皮书：陕西经济发展报告》、《陕西蓝皮书：陕西社会发展报告》和《陕西蓝皮书：陕西文化发展报告》，并就蓝皮书出版召开新闻发布会。

陕西文化蓝皮书是展示陕西文化研究成果、发挥陕西地方文化智库作用、扩大智库影响力的重要平台。陕西文化蓝皮书作为社会科学文献出版社蓝皮书系列的成员，自2009年研创的《陕西蓝皮书：陕西文化发展报告（2009）》首次出版以来，到《陕西蓝皮书：陕西文化发展报告（2021）》我们已经研创出版了13本。在这13年的坚持与守护中，文化与历史研究所的付出与收获并存，陕西文化蓝皮书成为我们与同人进行学术交流和协同共管的重要纽带。

陕西文化蓝皮书是地方文化智库资政辅政的重要品牌，是对外展示陕西文化发展的主要窗口。自2009年至今，陕西省社会科学院文化与历史研究所研创编撰的13本陕西文化蓝皮书对陕西十多年文化发展的整体状况与成就进行了全面总结，针对文化发展中出现的问题提出建设性对策建议。所有研创人员以研究陕西文化发展重大问题为主要抓手，秉承“课题来自实践中、成果写在大地上”的科研理念，每一份研究报告的选题都来自实践、具有针对性，每一份报告成果都有扎实的数据支撑，有操作性强的措施和建议，每一份研究报告都具有原创性。因此，在陕西文化蓝皮书编撰的过程中，从确定选题、深入调研，到课题讨论、任务分工，再到具体成章、精心打磨，最终成书、出版，陕西文化蓝皮书作者们的业务能力和科研素养都得到很大的提升，陕西省社会科学院文化与历史研究所的研究团队也在不断地调研和讨论中得到极大的锻炼，这对个人和部门的成长都发挥了很大的作用。陕西文化蓝皮书的研创编撰过程同时也锻炼、造就了我们的智库队伍。十几年来，随着蓝皮书的出版，我们取得了丰硕的研究成果，充分彰显了新型智库的功能，为陕西文化大发展、大繁荣以及文化强省建设提供了坚实的理论保障、精神动力和智力支撑。

四　地方文化智库发展过程中存在的问题与困惑

一是处理理论研究与应用研究的关系。随着智库建设的不断加强，地方智库竞争也日趋激烈。省社会科学院、省委党校要发挥智库功能，地方高校也在发展智库，为地方党委和政府服务。地方高校有着地方社会科学院无法比拟的人才与资金优势，地方社会科学院只有发挥差别优势，才能有所作为。那么，地方社会科学院与地方高校同样都有智库功能，二者的区别在哪里？在基础理论研究层面，地方社会科学院不如高校；在应用研究层面，一般而言地方社会科学院为省委、省政府提供的咨询研究报告，比高校更贴近实际，更具操作性。因此如何处理理论研究与应用研究之间的关系是以地方社会科学院为代表的地方文化智库与地方高校区别的关键，也是地方文化智库发展面临的重要课题。此外，从定位上来说，地方社会科学院定位于智库的角色，地方高校教书育人、理论创新的任务更重一些。

二是处理前瞻性研究与临时性任务的关系。地方文化智库面临的情况是：围绕省委、省政府主要工作开展的订单式、主题式研究多，临时性任务多，前瞻性研究、追踪式研究开展的少。频繁的临时性任务势必会对连续性、深层次的研究造成一定的影响，进而影响到研究的深度和高度。从表面上看，制约前瞻性研究的主要因素是时间和经费，但深层次的原因是顶层设计不完善，任务分工不明确。前瞻性研究、追踪式研究对地方智库的建设至关重要，没有前瞻性的研究，地方智库会后继乏力，研创的文化发展报告创新性、前瞻性就会不足。

三是处理为省委、省政府服务与为其他地方党委和政府及企事业单位服务的关系。作为省委、省政府的“思想库”“智囊团”，地方社会科学院主要为省委、省政府服务，同时也会为其他地方党委和政府及企事业单位提供服务，二者之间的关系应该如何平衡，这是地方文化智库需要深思的问题。二者关系的平衡与经费来源有关。目前，地方文化智库建设的资金不足且来源渠道过于单一，资金主要依靠政府和事业单位拨款，社会资本来源渠道少。如何吸引社会资本加入地方文化智库的建设中，成为当下智库建设亟待解决的又一项难题。

五　推进地方文化智库发展的几点建议

一是新时代文化领域对智库的需求不可或缺，需要地方文化智库守正创新，勇挑重担，敢于担当。

二是作为地方文化智库，要对重大的课题研究提出顶层设计，必须要持续跟踪研究文化项目。

三是在意识形态领域，培育人民思想觉悟和培养人民文明意识。地方文化智库要以马克思主义为指导，以中华文化为立场，以社会主义核心价值观为引领，与文化蓝皮书结合，做好前瞻性研究。这不仅是地方文化智库要关注并研究的课题，也是蓝皮书需要不断强化的内容。

以京津冀蓝皮书为抓手，打造京津冀学术共同体[*]

叶堂林[**]

摘　要： 作为我国最具影响力的智库产品，皮书已进入高水平研创、高质量发展的新阶段。首都经济贸易大学京津冀研究团队已陆续出版10部京津冀蓝皮书，并取得了一定的成果。本文从研究团队打造、核心竞争力提升、研究体系构建、成果服务实践等方面对京津冀蓝皮书研创情况进行分析和总结，并据此提出京津冀蓝皮书的研创经验，即聚焦首都圈，开展持续性的深化研究，形成自身的特色和优势；以研究团队为核心，形成“课题研究—咨询服务—学术论坛”互动模式；建立学理研究与服务实践相结合。

---

* 本文根据作者在第二十一次全国皮书年会（2020）平行论坛上的发言录音整理而成，已经本人审阅。

** 叶堂林，首都经济贸易大学城市经济与公共管理学院教授、博士生导师，特大城市经济社会发展研究院执行副院长，省部共建协同创新中心执行副主任，北京市经济社会发展政策研究基地执行主任，“长城学者”培养计划特聘教授，国家社会科学基金重大项目首席专家，“京津冀蓝皮书”主编。

关键词： 京津冀蓝皮书　团队建设　核心竞争力

自2011年以来，首都经济贸易大学京津冀研究团队，按照“科学性、权威性、前瞻性、原创性、实证性”等要求，整合京津冀三地专家，协力攻关，致力于将“京津冀蓝皮书”打造成为学术品牌，已陆续出版了10部京津冀蓝皮书，产生了巨大的社会影响。京津冀蓝皮书先后获得：全国第五届“优秀皮书报告奖”一等奖，全国第六届“优秀皮书奖”一等奖，全国第七届“优秀皮书奖”二等奖，全国第八届“优秀皮书奖”一等奖，全国第八届“优秀皮书报告奖”三等奖，全国第九届“优秀皮书奖”二等奖，全国第十届“优秀皮书奖”一等奖和全国第十一届“优秀皮书奖”一等奖。目前，京津冀蓝皮书已成为国内知名学术品牌，是国内外研究京津冀的重要参考文献，并被译成英文，在海外出版发行。

一　总体情况介绍

1. 依托特大城市经济社会发展研究院打造基础雄厚、高效一流的研究团队

京津冀研究团队最初是依托北京市经济社会发展政策研究基地组建的，基地成立于2007年，是由首都经济贸易大学和北京市政府研究室共同创办和建设的北京市哲学社会科学研究基地。基地的总体定位是建设成为研究首都经济社会发展的国内一流的理论高地、北京市政府决策咨询和政策研究的重要智库。基地立

足首都发展实际，依托区域经济学、城市经济学、产业经济学、应用统计学和公共管理学等学科，以首都发展战略、京津冀协同发展、大都市治理与区域协调机制、非首都功能疏解与空间优化、资源生态与绿色发展等为主要研究方向，以学术带头人为核心，以课题为载体，以学术论坛为成果交流平台，以人才队伍建设为根本，以蓝皮书为抓手，聚集和整合研究力量，为京津冀协同发展这一国家重大战略提供智力支持。

现在京津冀研究团队总体依托于特大城市经济社会发展研究院（简称“特大院”），特大院围绕 5 个重点研究领域下设 11 个研究团队，每个研究团队设主任 1 名，带头人 1 名，成员岗位 10 个左右，研究助理岗位若干个，确保岗位设置合理、岗位研究方向明确、创新任务与应聘人员符合要求。经过近 8 年的培育，特大院现拥有 2500 平方米的科研用房、总值 7000 万元的研究及办公设备、80400 册的专业图书资料，并获批国家社会科学基金重大项目 8 项、国家自然科学基金重点项目 2 项、其他国家级项目 70 余项、出版专著 100 余部、发表高水平中英文论文 400 余篇、获中央及地方各级领导批示 90 余篇、年度举办的学术论坛达 12 个、年度出版蓝皮书 4 本。研究经费充足，年度经费达 1800 万元。其中，首都高端智库经费 400 万元、三个市级哲学社会科学重点基地共计经费 300 万元、纵向课题经费 200 万元、横向课题经费 750 万元、学校拨付经费 150 万元。特大城市经济社会发展研究院 2012 年获批北京市教委的“2011 协同创新中心”；2017 年获批首批首都高端智库试点建设单位，同年获批城市群决策模拟北京市重点实验室；2020 年 9 月获批教育部和北京市省部共建的“2011 协同创新中心”。

2. 组建大数据研究中心服务于国家战略、区域发展研究

2015 年 4 月，首都经济贸易大学“北京市经济社会发展政策研究基地”与龙信数据（北京）有限公司共建了“京津冀大数据研究中心”，这是以建设首都新型智库为目标的产学研紧密结合创新共同体的一种有益尝试，为团队研究提供了坚实的基础。

积极探索搭建京津冀协同发展监测平台及长期监测点。2015 年，为配合工信部的“京津冀产业协同发展规划”出台和宣传，受工信部委托，我们与工信部合作共同编制了《京津冀产业协同发展导引》手册，并提交了“关于京津冀产业协同发展监测要报”。在摸清京津冀九大产业、30 个重点园区发展底数的前提下，我们运用大数据对京津冀投资动向及其产业发展态势进行了深入分析，发现了一些新情况与新动向。

3. 建立京津冀协同发展学术交流、研究和咨询的基础体系

建立多层次的学术交流平台，探索成果转化有效载体。建立京津冀协同发展、首都经济发展等的学术交流、研究和咨询的基础体系。2007 年，举办年度“首都圈发展高层论坛”，至今已连续举办 14 届，成为京津冀协同发展学术交流重要平台；2015 年，与北京大学、南开大学、清华大学、河北经贸大学等共同打造跨省市多院校协同的“京津冀区域发展协同创新中心”；2016 年，联合中国社会科学院等共建“京津冀协同发展智库”；积极参加区域科学学会、全国经济地理研究会年会等高层次国内会议及论坛；2016 年，基地被列入南京大学 CTTI 智库索引；2019 年，与中国科学院雄安创新研究院共建“雄安智库”。

4. 为京津冀协同发展上升为国家重大战略提供了重要智力支持

针对国家重大战略需求，首都经济贸易大学京津冀研究团队对首都及京津冀协同发展进行了持续、系统、深入研究，取得了显著成就。研究成果为京津冀协同发展决策的制定，特别为其上升为重大国家战略提供了重要智力支持。

京津冀研究团队主持国家社会科学基金重大项目 2 项，国家自然基金重点项目 1 项，省部级以上项目 26 项，完成咨询研究报告 50 余份，参与国家重大政策起草 19 项，获省部级以上领导批示 25 次，其中中央领导人肯定性批示 10 项。研究成果对政策的影响可分为两个阶段。

第一，决策支撑阶段（2011 ~ 2013 年）。受中央财经办委托，完成了“北京城市功能疏解问题、思路与措施”“京津冀基础承载力测度与分析”等课题,为“京津冀协同发展”提出及习总书记 2014 年“2 · 26”重要讲话提供重要参考；2013 年，完成的“京津冀协调发展研究”，为北京市迎接习总书记视察提供决策咨询并获感谢信；2013 年，“京津冀资源环境综合承载力状况及提升路径”等成果直接提交中办和国办。

第二，推动落实阶段（2014 年至今）。在宣传诠释方面，在国家级报刊、媒体发表系列署名文章；在深入研究方面，承担了一系列国家级重大、重点课题和决策咨询项目，组建“京津冀大数据研究中心”；在推动落实方面，研究成果多次获国家领导重要批示，多次参加中央财经办和京津冀领导小组的闭门座谈会等。如在《人民日报内参》发表的“对推进京津冀协同发展情况的调查与思考”“完善治理机制推进京津冀生态环境共建”“从大数据看北京对津冀投资情况及相关建议”“专家认为京津冀生态补偿亟待调整”等6篇要报，“北京应在推进京津冀协同发展中发挥核心引领带动作用”“完善治理机制是京津冀生态环境共建的关键”等研究成果，“‘十四五’时期推动北京及京津冀产业发展的建议”获得国家领导的批示。“积极推进全产业链布局，加快推进京津冀协同发展”（2020年2月）、“‘十四五’时期深入推进京津冀协同发展，加快构建首都现代化经济体系”（2020年12月）两项研究成果被北京市政协采纳。

二　京津冀蓝皮书的研创经验

1. 聚焦首都圈，开展持续性的深化研究，形成自身的特色和优势

京津冀研究团队以京津冀协同发展为研究重点，把自身研究置于国家战略布局——京津冀协同发展的宏观背景下，以重大问题为导向，不断拓展研究广度和深度。对京津冀协同发展理论脉络与历史沿革、资源环境承载力状况、协同发展进展测度、协同发展的新形势与新进展、协同发展的机制与模式、协同创新和协同治理等专题开展前瞻性研究，同时，对京津冀城市群规模结构与空间结构、产业结构转型升级，生态环境共建共享以及交通、产业、城镇、生态、公共服务、体制机制的协同创新等进行了全方位、多视角的系统研究，形成了自身的研究特色和优势。

2. 以研究团队为核心，形成“课题研究—咨询服务—学术论坛”互动模式

根据研究发展需要，不断探索逐步形成以研究团队为依托，以课题研究、皮书研创为核心，以咨询服务和学术论坛为助推器，四者有机结合、相互促进的运作模式，构建“三位一体”的结构。

一是强调研究团队建设。研究团队是皮书研创的基础和依托，强调围绕研究主题把区域内的研究力量整合起来，提升权威性。研究团队不仅包括首都经济贸易大学的教师，还包括“三地、四方”，即京津冀三地和中央机构的研究力量。始终坚持“不为我所有、但为我所用”的建设思路，即在核心成员相对稳定的基础上，根据每年的研究重点和研究选题不同，对专家学者队伍进行适时调整。

二是以课题研究提升蓝皮书学术影响力。课题研究是团队发展的核心任务和重要载体，也为每年的蓝皮书研创奠定基础。如2021 年蓝皮书做产业链与创新链的融合发展，现在课题基本上是围绕产业链和创新链融合开展的研究，高端智库的选题、北京市统计局课题、国家发改委地区司的课题都是围绕创新链、产业链、政策链如何深度融合来开展的。通过课题研究，加之北京市社会科学界联合会、社会科学规划办给予的大力支持，北京市社会科学界联合会、社会科学规划办每年为京津冀蓝皮书设立一个社会科学重点项目，这为我们蓝皮书研创提供了很好的基础和条件。

三是积极做好资政服务。咨询服务是研究团队的使命和价值所在，也是提升决策影响力和社会影响力的重要途径。因为京津冀协同发展，包括雄安发展都存在理论研究滞后于实践的现象，实践很超前，但只做不说，理论部门也很难参与进去。我们的研究团队与各级设有京津冀协同办公室的政府部门都建立了紧密的合作关系，包括国家发改委、北京市政协、北京市发改委、北京市科委、北京市统计局、北京市工信局等。我们的研究团队积极参与上述政府部门的课题调研活动，及时了解京津冀协同发展的现状及存在的问题，并针对实际发展情况，结合自身理论知识，为政府决策部门提供相应的研究报告，这既有利于学术研究成果服务于实践，又能够提升研究成果转化为决策的效率。

四是举办学术论坛。学术论坛是扩大学术影响力的催化器，也是推进课题研究、咨询服务的助推器。学术论坛可以让专家学者相互交流研究成果，碰撞出思想火花，我们也能够在交流中吸纳更多有实力的研究人员进入皮书研创团队。京津冀蓝皮书研创一开始就按照上述“三位一体”的模式开展与运作。

3. 建立学理研究与服务实践相结合，探索“顶天”“立地”的发展模式

在“顶天”方面，强调学理研究，力争在理论研究方面站在本学科学术最前沿。研究团队申报获批国家社会科学基金重大项目 2 项，国家自然基金重点项目 1 项，国家社会科学基金重点项目 3 项，国家自然科学基金面上项目 1 项，省部级项目 26 项，其他项目 18 项。如“基于区域治理的京津冀协同发展重大理论与实践问题研究”（编号：17ZDA059）等获批国家社会科学基金重大项目，“我国产业集聚演进与新动能培育发展研究”（编号：71733001）获批国家自然科学基金重点项目，研究成果取得了显著成效。同时在《中国软科学》《科研管理》《经济社会体制比较》等顶级学术期刊发表学术论文。

在“立地”方面，为京津冀三地政府提供决策咨询，提交的研究成果中 11 项获省部级以上领导肯定性批示，15 项被实际部门（局级以上）采纳，6 项被北京市哲学社会科学规划办《成果要报》采用。如“专家认为京津冀生态补偿亟待调整”“对京津冀 44 个市区县企业协同发展情况的调查”“京津冀与长三角、珠三角企业发展对比研究及政策建议”“激发北京城市发展活力的三点建议”“建设‘和谐宜居之都’，基于供给侧的四点建议”“建设国际一流的和谐宜居之都的目标评估体系研究”“打造以北京为核心世界级城市群的战略重点”“深刻理解和把握首都发展要义”“减量发展本质上是可持续发展”“北京‘减量发展’的路径与对策研究”等成果在为政府决策提供咨询方面，取得了实际成效。

邮轮绿皮书：助力中国邮轮经济高质量发展*

叶欣梁**

摘　要：作为一个需要各方的加入与努力共同推动邮轮经济高质量发展的研究产物，邮轮绿皮书已经连续出版7年，对我国邮轮发展与邮轮经济的研究有着重要作用。文章分为三个部分：一是介绍邮轮绿皮书的发展；二是邮轮绿皮书通过建立研究团队、获得广泛的邮轮数据、每年设置热点和专题保证研究的前瞻性，从而紧跟中国邮轮经济的发展；三是邮轮绿皮书如何在政策制定、保险服务和产业整体规划的研究上为邮轮经济服务，促进我国邮轮经济的发展。

关键词：邮轮绿皮书　邮轮经济　高质量发展

---

* 本文根据作者在第二十一次全国皮书年会（2020）平行论坛上的发言录音整理而成，已经本人审阅。

** 叶欣梁，博士，教授，上海工程技术大学管理学院副院长、上海国际邮轮经济研究中心秘书长、副主任，研究方向为邮轮经济、旅游管理。

在 2006 年之前，中国游客如果想乘坐邮轮出国，则需要飞到美国、欧洲或者其他邮轮经过的地方乘坐邮轮。2006 年歌诗达“爱兰歌娜”号邮轮在上海首航，中国游客在国内即可以乘坐国际邮轮出国旅游，标志着国际邮轮中国时代的起步。从此以后，国际各大邮轮公司开始争相进入中国市场。目前全国已经有 12 个邮轮母港城市，如青岛、厦门、广州、三亚都发展成为中国著名邮轮母港城市，上海更是成为中国首个中国邮轮旅游发展示范区。2005 年中国成立邮轮本科专业。2006 年中国母港邮轮正式起航。因为中国没有本土邮轮企业，邮轮人才的短缺与现有经验不足导致中国发展邮轮旅游出现各种各样的问题，亟须加强对邮轮产业的研究和邮轮人才培养。

一　邮轮绿皮书编撰情况

邮轮产业的相关研究越来越深入,亟须一个加强邮轮科研与产业连接的平台，作为产学研结合的桥梁。2009 年，上海国际邮轮经济研究中心正式成立，致力于推动邮轮产业研究和邮轮人才培养。近年来，上海国际邮轮经济研究中心一直致力于邮轮产业相关研究，2015 年在韩国济州国际邮轮大会上，上海国际邮轮经济研究中心被评为亚洲最佳邮轮研究机构。2014 年，首部《中国邮轮产业发展报告》正式出版，因其封面是绿色的又简称为“邮轮绿皮书”，至今已出版 7 本。2015 年，研究中心编撰的简版《中国邮轮产业发展报告》被翻译成英文，从 2016 年正式由社会科学文献出版社出版。此后，通过社会科学文献出版社跟 Springer Nature 集团合作，出版国际版“邮轮绿皮书”，每年在迈阿密的世界邮轮大会上发布。2020 年由于疫情的原因，虽然世界邮轮大会取消，但是这本书还是如期正式出版。

二　邮轮绿皮书紧跟中国邮轮经济发展形势

（一）建立强有力的研究团队

上海国际邮轮经济研究中心研究团队主要由三个部分构成：一是政府部门，因为邮轮产业发展受到政策的约束，到目前为止，分管邮轮业务的部门特别多，因此邀请相关政府部门共同参与蓝皮书的研创。二是相关的咨询公司，主要利用咨询公司在解决实际经营管理过程中出现的问题更有相关经验的优势。三是相关的院校、研究机构、行业协会，因为研究邮轮群体较少，邀请其他研究机构参与，可以共同构成作者团队，专业上相互补充，提高皮书的质量。

（二）建立广泛的邮轮数据来源

目前，邮轮统计数据如何确保准确性和权威性，确实存在一定的问题。国际邮轮协会每年都会发布邮轮经济对当地经济贡献的报告，但是中国现在很难分清到底邮轮经济对中国经济产生哪些贡献，目前的状况就是尽量想办法通过数据加以区别。“邮轮绿皮书”紧跟邮轮经济发展形势，注重获得各方的最新数据来支撑相关研究。上海国际邮轮经济研究中心的研究数据主要来自三类合作机构：一是研究机构，有澳大利亚的国际邮轮咨询机构 CHART 公司，每年会提供相关的数据，还有韩国的国际邮轮经济研究院和日本的邮轮经济研究所，以及中国台湾的邮轮协会，上海国际邮轮经济研究中心都与之建立了良好的合作关系，可以相互交换数据。二是邮轮企业，上海国际邮轮经济研究中心与几大国际邮轮公司都建立较好的关系，邮轮公司会提供经过整理后的数据以便于研究。三是邮轮协会、口岸单位，口岸单位有着大量关于邮轮游客的相关详细数据，也会将其提供给上海国际邮轮经济研究中心。

（三）确保相关研究的前瞻性

一是通过参加国际性会议，获得行业最新动态。上海国际邮轮经济研究中心经常和相关的邮轮企业进行交流，每年主办亚太邮轮大会，一些国际邮轮公司的高管都会来参加，通过交流，了解整个行业发展的趋势和走向。二是每年设置主题，抓住研究热点，保证撰写内容的创新性。因为时间比较仓促，2014 年第一本只有 1 篇总报告和 11 篇专题报告；2015 年新增产业发展十大热点；2016 年是国际邮轮产业进入中国十年，特别开展十年专题研究；2017 年设立“一带一路”的研究专题；2018 年提到高质量发展，设立“品质旅游专稿：共同价值与政府治理”的专题；2019 年探讨新时代下的中国邮轮经济的改革与创新专题；2020 年以新冠肺炎疫情对邮轮经济的影响为主题，研究疫情下邮轮防疫体系构建和应对策略。

三 邮轮绿皮书助力中国邮轮经济高质量发展

（一）为政策制定和行业发展提供数据支撑

一是得到政府部门，尤其是上海市文化和旅游局、上海市交通委员会还有上海市政府发展研究中心的高度评价，其起草邮轮产业相关政策文件及规划的时候需要参考借鉴“邮轮绿皮书”。二是受邮轮行业企业，尤其是外国的邮轮企业的欢迎。外国的邮轮企业对中国市场并不十分熟悉，因为中国的公司虽然每年提供与邮轮相关的数据，但是对这些数据背后的原因，外国企业可能不是很清楚，所以通过“邮轮绿皮书”，其可以了解中国市场的变化情况，以及为什么会有变化，同时邮轮企业对营商环境特别敏感，每一版绿皮书里都有跟企业营商环境相关的文章。“邮轮绿皮书”不仅引用国内外邮轮行业发展相关数据，还积极推动原始数据研究，为国际邮轮产业学术研究和企业市场研究提供良好的数据支撑。目前，上海国际邮轮经济研究中心与社会科学文献出版社进行合作，建立了邮轮产业专题数据库。

（二）推动邮轮口岸监管的创新

推动邮轮口岸监管的创新是研究人员跟政府主管部门共同努力的结果。现在主流邮轮可容纳三四千名游客，要在两三个小时里迅速完成清关，在以前是非常宏大的事情，后来借鉴欧美国家和地区的经验，现在邮轮通关直接扫二维码，速度超过机场的自助通关速度。上海的边检在游客购买船票的时候，直接将一张二维码贴到护照上，游客扫描二维码后即可过关，这在港口服务流程上是很大的创新。现在全国各地的邮轮港都在开始推广实施上海的这项创新。

（三）邮轮船票制度的推广实施

上海国际邮轮经济研究中心与上海海事大学在邮轮船票制度的推广实施的可行性上共同进行了前期论证，目前这项制度已经开始正式实施。在邮轮市场秩序逐步规范的进程中，邮轮旅游发展的十几年里，出现了各种各样的问题：如黄牛倒票、霸船的情况屡见不鲜。前几年还有些相关报道，之后报道霸船的负面性新闻也少了。消除霸船事件最先想到的是可以通过保险服务来解决，但保险公司不愿意承保，因为这对于保险公司来说风险太大，在春秋季的时候，上海大雾特别多，容易延误；到夏季的时候，台风特别多，也容易延误，一旦遇到台风，在海上更无法确保何时能出航，在遇到台风的情况下只能改变航线，但是改变航线就会引起游客的不满，发生游客霸船事件，造成邮轮码头混乱。上海市水上旅游促进中心牵头搭建邮轮保险平台，上海市政府发展研究中心、交通委员会和文化和旅游局出面协调，现在保险机制建立以后，每年保险部门负责人虽然都会抱怨亏损，但再没有出现霸船闹事的情况。

同时，推动邮轮产业政策体系的创建。邮轮是舶来品，与中国很多现行法律法规不适应，研究中心跟交通部政策研究团队合作研究邮轮产业政策，交通运输部等十部门出台了《关于促进我国邮轮经济发展的若干意见》，上海市政府制定了《关于促进本市邮轮经济深化发展的若干意见》，都对促进邮轮经济发展起到积极的作用。

（四）推动国产大型邮轮建造

尽管中国在大飞机、航母制造方面有一定成效，目前为止中国在船舶建造方面还缺少一定的技术和人才支持。从2014年开始提出一定要造自己的邮轮。上海市跟中船集团经过几年不断交流，都认为这在中国船舶制造业历史上具有里程碑意义，有的学者也认为“邮轮建造是邮轮皇冠上的一颗明珠”。2019年10月，首艘大型国产邮轮在上海的外高桥造船有限公司开始正式点火钢板切割，预计2023年交付。据了解现在建造的第一艘大型邮轮所拥有全套图纸，是从国外购买的现成船型图纸，尽管船型设计比较落后，但不管怎么说，第一艘本土邮轮已经开建，标志着我国开始迈进邮轮建造的行列。

（五）推动邮轮产业规划编制

因2020年疫情原因，全国邮轮旅游发展的整体规划处于停摆状态，文旅部表示等疫情完全恢复以后再发布。虽然国内都已经开放，但因为邮轮旅游是一项涉及出入境的休闲旅游方式，对国际大环境依赖性很高，因此在制定整体规划政策时也需要考虑国外环境。

“邮轮绿皮书”是根据全球及中国邮轮产业发展形势编写的年度研究报告，是社会科学文献出版社皮书系列的重要组成部分，长期以来全面而深入地对中国邮轮经济全产业链的最新进展和发展思路进行分析研判，并提出了具有前瞻性的对策建议，以更好地推动中国邮轮经济全产业链政策的实施，提升邮轮产业能级，推动邮轮经济高质量发展，服务国家和地方经济的高质量发展。

参考文献

汪泓主编《邮轮绿皮书：中国邮轮产业发展报告（2020）》，社会科学文献出版社，2020。

汪泓主编《邮轮绿皮书：中国邮轮产业发展报告（2019）》，社会科学文献出版社，2019。

汪泓主编《邮轮绿皮书：中国邮轮产业发展报告（2018）》，社会科学文献出版社，2018。

汪泓主编《邮轮绿皮书：中国邮轮产业发展报告（2017）》，社会科学文献出版社，2017。

汪泓主编《邮轮绿皮书：中国邮轮产业发展报告（2016）》，社会科学文献出版社，2016。

汪泓主编《邮轮绿皮书：中国邮轮产业发展报告（2015）》，社会科学文献出版社，2015。

汪泓主编《邮轮绿皮书：中国邮轮产业发展报告（2014）》，社会科学文献出版社，2014。

皮书研创方法

以“三大体系”为指导，引领皮书高质量发展

——以国别区域与全球治理类皮书为例

沈雁南[*]

摘　要： 皮书是中国学者发布权威报告的重要平台，承担着构建中国学术话语权的重要使命。因此，皮书必须要遵循习近平总书记关于构建中国特色哲学社会科学“三大体系”的思想，进一步牢固树立使命感和责任感，在掌握话语权的方向上做更大的努力。本文认为，皮书对话语权的掌握和构建，必须通过皮书学科体系和学术体系的建设。每部皮书的研创团队都应特别关注其学术体系的建设和完善，这不仅关系到每一部皮书的高质量发展，而且还直接关系到皮书话语权的提升，这是新时代赋予皮书研创的历史使命。我们必须对此有高度的责任感和使命感。本文

* 沈雁南，中国社会科学院欧洲研究所编辑部原主任、编审，“欧洲蓝皮书”原副主编、主编，社会科学文献出版社皮书研究院特约研究员。

提出“皮书气质”的概念，认为皮书气质首先表现在其具有中国的视角，其次是中国学者的集体思想成果，再次是中国学者权威发布的重要平台。在此基础上，本文还讨论了皮书的规范问题。文章认为，皮书是学术产品，应严格其学术规范，才能铸造有气质的皮书。

关键词： 皮书研创　话语权　“三大体系”

党的十八大以来，习近平总书记多次发表讲话指出，建设中国特色哲学社会科学体系需要不断推进学科体系、学术体系、话语体系建设，其中特别强调“发挥我国哲学社会科学作用，要注意加强话语体系建设”。习近平总书记的讲话对于皮书高质量发展具有特别重要的指导意义。

皮书向来以辨析形势、解读动向、预测前景为使命，是学术机构和专业智库发布权威报告的重要平台，是发挥我国哲学社会科学作用，加强话语体系建设的重要阵地。皮书要实现高质量发展，必须遵循习近平总书记的思想方法，深刻理解学科体系、学术体系和话语体系“三大体系”的辩证关系。

一　皮书研创必须以掌握话语权为导向

在习近平总书记的“三大体系”思想中，掌握话语权是导向，建设学科体系和学术体系是基础，这是皮书研创的理论指导。

社会科学文献出版社首创的中国皮书系列，是中国改革开放以后出现的新型学术出版物。它不同于政府发布的白皮书，白皮书多为政策公布或政策阐释。皮书是专业团队通过多视角、多层面的有机组合，对特定目标的发展形势做出全方位的科学研判，是研创团队的权威发布。由各种皮书组成的中国皮书系列是有统一规划、统一规范的出版物集群，对发挥我国哲学社会科学作用有着重要的影响力。

充分发挥我国哲学社会科学的作用，首先要掌握话语权。1991 年，第一部皮书“经济蓝皮书”问世。当时国际上风云突变，形势严峻，中国经济能否破浪前行，各界多有担心和困惑。中国社会科学院“中国经济形势分析与预测”课题组通过发布“经济蓝皮书”，对中国经济发展形势做出权威解读，消除了国内外的一些困惑，引起极大反响。许多国内外媒体记者参加了在人民大会堂举行的首部“经济蓝皮书”发布会并做了充分报道，盛况空前。由此，不仅确立了该皮书对中国经济形势做出精确研判的权威地位，也开创了皮书作为权威发布平台的发展道路。随后，各种皮书开始纷纷问世，如“社会蓝皮书”“农村绿皮书”“世界经济黄皮书”“欧洲蓝皮书”等。研创团队通过皮书对中国经济、社会、农村等发展问题及对世界经济、国际政治等问题的权威解读，使皮书成为国内外媒体和社会各界了解中国，了解中国对世界看法的重要渠道。例如，欧盟及欧洲各国驻中国的外交官们十分重视“欧洲蓝皮书”，认为他们能够从该蓝皮书中读到中国的欧洲观。

皮书自诞生以来不断发展壮大，特别是在社会科学文献出版社原社长谢寿光的精心策划、积极推动下，从最初的几种发展到几百种，形成视域宽广的系列出版物。时至今日，新的皮书种类还在不断涌现。皮书之所以经久不衰，正因其拥有话语权。掌握话语权不仅是皮书的导向，是皮书的天然使命，也是皮书的生命线。没有话语权，皮书的价值便无从谈起。

许多皮书研创团队十分重视对话语权的掌握，并为此不断努力，精益求精。但也有的研创团队却对此缺乏深刻认识，或认识有偏差。有的皮书被写成乏味的宣传手册（有的甚至被写成年度工作总结），有的皮书则被视为一般的学术论文汇编。前者无学术含量可言；后者虽有，但主要代表个体的学术见解，缺少整体性，难以形成集体的权威话语权。这两种偏向都忽视了皮书以掌握话语权为主导的使命，结果是损伤了皮书话语权。而失去话语权，皮书的宣传和传播效果也将难以提升，并难以持久，更无从发挥中国哲学社会科学的作用。这种认识不到位的情况应该引起皮书研创团队的重视。

能否掌握话语权是衡量皮书成功与否的首要标准。皮书的话语权表现在它是作为学术机构或智库的权威发声，而不是学者或专家的个人发声。皮书需要依据学科体系和学术体系建立全书分析框架，以展现它的整体性和权威性。这不仅是皮书话语权的表现形式，更是皮书掌握话语权的重要基础。因此，我们要从掌握话语权的高度，全面领会、贯彻习近平总书记的“三大体系”思想，推动皮书研创的高质量发展。这是皮书界的使命，也是一种责任。

二　学科体系和学术体系是皮书掌握话语权的基础

自 1991 年第一本皮书公开问世以来，皮书已经走过整整 30

年的历程，形成经济、社会政法、文化传媒、地方发展、行业、国别区域与全球治理类六大系列，占据了发挥中国哲学社会科学作用的高地，拥有强大的话语权。

当前，中国已经进入中国特色社会主义的新时代，皮书要为实现中华民族的伟大梦想、建设伟大事业贡献力量，需要进一步牢固树立使命感和责任感，积极推动学科体系和学术体系建设，在掌握话语权的方向上做更大的努力。

首先，皮书研创要加强对学科体系、学术体系与话语权辩证关系的认识。

皮书作为一种具有高度学术性的权威发布，必须要有学科体系和学术体系做基础。皮书研创要有强烈的学科意识，并通过皮书框架及其学科工具的使用得到鲜明的体现。皮书的学科体系不仅表明了它的学科属性，更重要的是规范了它的分析框架，以及由此而形成的学术体系。由于皮书代表了权威的学术机构或智库的整体水平，其分析体系的设计是否符合学科体系规范，是否以学术体系为基础至关重要。无论皮书选题属于跨学科还是多学科的领域，都离不开学科体系的支撑。皮书学科体系最突出的表现是，不同选题在特定的学科体系基础上，从不同视角对同一目标做出研判，相互形成严谨的逻辑架构。用盲人摸象来做比喻，盲人之所以得出大象是一个圆柱，或一根绳子，或一个大蒲扇的认识，就在于他们只知局部，不知全部，全然没有整体性。皮书同样，如果缺少学科体系支撑，就不能合成一头真实的大象。硬凑在一起，也容易缺胳膊少腿，不成体系。因此，通过学科体系的确立来架构皮书分析体系，是皮书研创的重要基础。没有这个基础，皮书就是松散的论文集，无法形成整体的权威发声。

比如，从国别区域与全球治理类皮书来看，一国或一区域形势之研判，必涉其政治、经济、社会、外交等基本面的观察和分析，这是国别区域与全球治理类皮书的基本分析框架，也是其专业的学科体系。事实上，任何皮书，无论是国别区域与全球治理类皮书，还是行业类皮书、地方发展类皮书，都有以学科体系为基础的分析框架。即使综合性专题需要跨学科或多学科的介入，也需要建构其特定的学科分析体系，形成对其目标的分析逻辑。

因此，作为集体成果，作为一种集体话语权，皮书整体性的重要意义是不容置疑的，而学科体系正是这种整体性的基础。皮书没有学科体系，便没有整体性，其话语权也将大打折扣。有的皮书以为找几个大家便可形成权威发声，这是片面的。大家固然具有权威，但如果缺少学科体系基础上的对皮书整体性权威的架构，便不能形成皮书完整的权威发布。

其次，皮书需要在学科体系支撑下构筑学术体系。学术体系是皮书学科体系的具体表现，两者相辅相成，为话语权提供必要的支撑和基础。

皮书根据学科体系规范其学术体系。主要表现在三个方面：一是以学科体系定位其对目标展开研究的学术体系，在此基础上形成其分析逻辑；二是学科体系规范了学术体系，并使其学科工具得到准确运用；三是概念和术语的界定明确并使用得当。这三个方面是一般学术研究的普遍规律，但在皮书研创上，却往往不注意从整体性上予以把握。特别是综合性皮书往往因涉及领域广泛而对学科体系的确定不够清晰，导致全书学术体系缺失，研究目标得不到清晰、准确的聚焦，严重影响皮书的整体性，不能形成权威的集体话语权。如现在关于“一带一路”的皮书甚多，但由于未能从经济、政治、文化等，或跨学科的角度构建“一带一路”研究的学科体系，未能形成规范的学术体系。结果导致选题焦点分散，或是对已有皮书内容的再次组合，或重复论述。学术体系不健全，容易造成学科工具运用不当，概念和术语缺少统一的、规范的界定，跨学科研究也变成“隔学科”研究，互不搭界，各论其事。因此，皮书必须从学科体系的视角进行准确定位，并依托这个体系构建全书的学术体系和研判逻辑，使皮书的整体性得到鲜明体现，只有这样才能建立皮书的集体话语权。

再次，皮书的学术体系还表现在分析框架具有清晰的层次。皮书作为一种每一年度对发展形势的研判，需要在整体性和专业性的基础上，做到年度形势研判和深度解读的有机结合。我们强调皮书结构的分层，不仅因为皮书具有鲜明的年度性（研判年度形势是皮书的立身之本），而且皮书需要有对年度热点或重大问题的深度解读。层次清晰对学术体系的健全具有重要作用，也是皮书掌握话语权的一个重要方面。

根据新版《皮书手册》的标准，皮书需要有总报告和分报告，这是皮书年度性的重要表现。同时，皮书对年度性热点和重点问题进行深入解读，形成各种不同的专题报告。前者讨论的是“势”，是年度层面的发展，后者讨论的是“因”，是对其来龙去脉的梳理和深度解读。有的研创人员认为，在互联网时代，读者对“势”的了解可以通过网络媒体获得，皮书无须再做描述，其实不然。皮书作者为专业学者，所论所叙，远非网络媒体可以替代。

年度性报告和专题报告构成了皮书由“面”到“点”、由形势分析到深度解读的分层研判，也是皮书不同于一般论文集的重要的体例特征，并且由于其具有连续性也更凸显了学科体系和学术体系对皮书研创的重要意义。

由于每一年度的形势研判和深度解读要求皮书的学科体系和学术体系具有稳定性，以形成对其目标进行持续的跟踪研究，因而具有“学术史”价值。这也是皮书在推动中国特色哲学社会科学“三大体系”建设中应发挥作用的题中应有之义。“欧洲蓝皮书”原主编周弘就曾提出要把“欧洲蓝皮书”做成中国欧洲研究的编年史，并精心策划了“欧洲蓝皮书”的学科体系。她认为，“欧洲蓝皮书”的研判不仅要经得起本年度形势发展的验证，而且在多年之后仍然具有读史的价值。事实上，“欧洲蓝皮书”的学科体系和学术体系不仅对该皮书的发展起到积极推动作用，而且对欧洲问题研究的学科建构也产生了重要的影响。

因此，学习习近平总书记建设中国特色哲学社会科学“三大体系”的思想，不仅要推进每一部皮书的高质量发展，而且还要进一步认识到皮书参加学科体系和学术体系建设的作用，这是新时代赋予皮书研创的历史使命。

三　严格规范，铸造有气质的皮书

当前，我国正在习近平总书记“三大体系”思想的指导下加速构建中国特色哲学社会科学，各种学术成果不断涌现。在这一形势的推动下，哲学社会科学成果的出版也日益昌盛，种类繁多，不断地推陈出新。其中，皮书系列以科学的形势研判、集体的权威发布、宽广的领域覆盖和严格的统一规范成为发挥哲学社会科学作用的重要出版物。经过多年的不断发展，皮书系列已经形成其独有的皮书气质。皮书的气质主要表现在以下几个方面。

（一）皮书有着鲜明的中国视角定位

作为中国学者以马克思主义理论为指导，对当前国内外问题做出研判的重要发声，皮书首先要做到中国视角的定位。主要表现在三个方面：第一，皮书要为世界大局和国际形势研判提供中国视角。第二，皮书为中国发展形势研判提供中国视角。第三，皮书对任何主题目标的研判都要具有国家的视角，即从国家和全国的层面予以考量。这种中国视角并非要求每份报告都对中国与他国，或本地与他地做出横向比较，但对任何问题或形势的研判必须要有中国视角和国家视野的高度。只有从国家视角出发，才能对某一具体行业领域的发展形势做出具有战略性的研判。皮书以中国视角、中国理论、中国学术解读世界和中国的发展，是皮书气质的重要内涵。

（二）皮书具有集体思想产品的属性

集体思想产品的属性不仅需要在学科体系和学术体系基础上产生的皮书框架中得以体现，更需要通过研创团队持续、稳定的学术交流而产生。同时，根据这一皮书属性，皮书报告均应被视为集体的产品，而不是个人发表的见解。表现在行文范式上，皮书报告不宜用“笔者认为”“个人认为”之类用语，更不应该出现结论相左的判断。集体属性是皮书的重要气质。

（三）皮书是中国学者的权威发布

皮书话语权建立在学科体系和学术体系的基础上，其话语表达必须符合学术规范。皮书的权威性，不仅表现在研创团队的整体水准上，也表现在话语表达方式上。皮书研创团队的理论素养和学术内涵是在分析逻辑、研判结论等方面表现出来的，而不是自我声张理论依据、研究背景、文献综述等专门陈述中表现出来的。因此，皮书行文具有简明扼要的特点，观点鲜明，逻辑严谨，不做多余的铺垫。同时，作为权威发布，诸如“探析”“初析”等谦辞及商榷之类用语并不适合皮书报告。皮书气质往往在研判话语的表达上得到清楚的体现。

皮书系列独特的皮书气质是通过严格的研创规范来体现的。社会科学文献出版社一直十分重视皮书的研创规范，并为此特别设立了皮书研究院，对皮书出版规范进行系统和深入的研究，制定了相应的规范。皮书研究院每年编制《皮书手册》，对皮书研创要求和评价体系进行与时俱进的更新，有力推动皮书出版事业的发展，并使皮书系列在众多哲学社会科学出版物中独具风采。

习近平总书记在提出“三大体系”建设的同时，还提出了让世界知道“学术中的中国”的任务。皮书作为中国学者权威发布的重要平台，应不断锤炼中国皮书气质，严格研创规范，进一步确立皮书的权威发布地位，为贯彻“三大体系”思想，建设中国特色哲学社会科学做出更大的贡献。

四 余论

王国维在《欧罗巴通史》的序文中说：“凡学问之事其可称科学以上者，必不可无系统。”皮书涵盖经济、社会政法、文化传媒、地方发展、行业、国别区域与全球治理六大领域，900 余种书目已然形成庞大系统。我们必须增强对皮书发展已成系统工程的认识，以习近平总书记“三大体系”思想为指导，推动皮书向更高思想境界、理论境界、学术境界发展。

“线下”“线上”问卷调查的差异、利弊比较与思考*

黄　妍　杨涵琳**

摘　要： 在网络技术应用成熟的时代背景下，线上调研公司、调研平台、调研机构为广大社会科学工作者提供了许多便利，比如高回收率、短回收周期，以及大量随之而来的“快”数据。但这些便利仅停留在浅层次上，如要获得“好”数据，就仍需社科工作者深度参与线下调研，只有这样，人们才能获得反映实际和真情实感的高质量数据。

关键词： 线上调研　线下调研　高质量数据

* 本文根据作者在第二十一次全国皮书年会（2020）平行论坛上的发言录音整理而成，已经本人审阅。

** 黄妍，湖北大学高等人文研究院副院长、中华文化发展湖北省协同创新中心副研究员、湖北大学哲学学院讲师，主要研究方向为西方哲学及伦理学；杨涵琳，湖北大学哲学学院2018级本科生。

2020 年受新冠肺炎疫情的影响，湖北大学高等人文研究院调查中心采用线上问卷调查的方式进行了系列的研究工作，并在这一过程中产生了许多有关线上调研的问题跟反思。现就线上与线下这两种不同的调研方式进行比较，分析不同调研方式的利弊，并提出相应的思考，以期为皮书研究工作提供更翔实和精准的事实依据与数据支持。

一　微观调研在皮书研创中的重要作用

皮书研创的核心是用数据说话。在湖北大学高等人文研究院、中华文化发展湖北省协同创新中心研创《文化建设蓝皮书：中国文化发展报告》的过程中，国家官方数据和行业公开数据为研究中国文化发展状况提供了很好的宏观数据基础。但宏观数据仅仅反映的是一种宏观的、整体的、客观的文化发展状况，并不能反映文化发展中的主观态度。微观数据则有效地反映出调查对象的主观态度，同时微观数据还能够与宏观数据相互印证。因此，在研创过程中，研究团队深感进行中国文化发展的研究需要将微观数据与宏观数据相结合。只有对人们在文化发展过程中的获得感、满意度等微观数据进行调查，与宏观数据所反映的现实情况相互印证，才可以得到更准确的调查结果，从而提出更具可行性、具有操作意义的政策建议。

为此，湖北大学高等人文研究院成立了由教师、学生、校友以及校外专家所组成的调研团队，并进行了长达 8 年的持续性大型问卷调查。完成了“中国文化发展状况调查”（2015 ~ 2019 年）、“弘扬核心价值观与继承传统文化研究”（2016 年）、“社会精英对传统文化与核心价值观的认同状况调查”（2017 年）等多项大型社会调研，同时“中国文化发展状况调查”（2020 年）问卷调查也即将完成。历年调查的范围从最初的 19 个省、自治区、直辖市，发展到后来的 29 个省、自治区、直辖市（吉林省、甘肃省两省空缺），77 个市（州）、262 个县（市、区）。2020 年的调研则已经实现了全国所有省级行政区（不含港澳台）的覆盖。问卷的发放量从最初的 4000 份发展到 6000 份，累计发放调查问卷近 3 万份，2020 年预期回收问卷为 8000 份（线上调研）。

二　问卷设计的思路

本调研团队采取了以宏观数据与微观数据相结合的研究模式来设计问卷的总体框架：一方面，以官方数据、行业数据等公开数据为宏观研究的基础；另一方面，以认知认同等主观态度数据为微观研究的基础，深入研究当年我国的文化发展给人民群众带来的文化获得感。

首先，本调研团队以国家“十三五”时期文化发展改革规划为研究主题，以我国文化发展的现状为研究对象，从文化事业、文化生产、文化产品、公共文化服务、文化国内和国际传播与影响力这六个方面对近一年我国文化的新发展、新成就以及存在的问题进行总体上和指数上的描述分析。

其次，问卷设计旨在从广大人民群众的主观认同态度出发进行调查。即从人民的幸福感、认同感、获得感层面对我国文化的发展状况进行把握，这一数据是对客观性的国家宏观数据的有益补充。

最后，结合宏观、微观两方面的数据，调研团队对中国文化近两年发展所达到的水平和竞争力做出了定性和定量的评估，以及对本年度及今后一段时间内我国文化建设的发展进行了准确的科学预测，并提出了多项切实可行的对策建议。

三　线下调研与线上调研的五个环节

经过多年的不断磨合与改进，我们的调研团队已经形成了较为稳定的调研模式：“提出问卷总体设计思路与框架—征集研创建议—问卷修改与定稿—问卷发放与回收—数据录入与分析”，同时形成了包括首席专家、皮书作者、调查人员、数据处理人员等在内的较为固定的人员班底。

以 2019 年调研为例。2019 年初，首席专家张智敏教授率先提出了一个初步的问卷设计思路，奠定了此次调查的基本框架，内容包括：社会主义核心价值观认同调查、新中国成立 70 周年文化发展状况调查、“一带一路”与中国文化发展状况调查、往年问卷调查问题、作者自拟调查问题等。到了“征集研创建议”阶段，研创人员（作者）则根据所负责部分的研创目标，提供题项设计，在收集完研创人员的研创目标和研创问题以后，采取团队商议的方式对问卷进行整合，同时采取二次问询的方式和研创人员（作者）沟通，最后定稿。即问卷设计需要经过整体设计，多维度筛选整合，反复与研创人员（作者）沟通之后，才能最终形成。

问卷发放、实地调查和问卷回收则一般是在每年暑期进行。

2019 年 7 月初，调查中心就着手组织调研团队，编写调研指南。2019 年湖北大学高等人文研究院调查中心“中国文化发展状况调查组”包括负责人 3 人、调查中心实地调研人员 22 人、调研点负责人 34 人、数据输入成员 11 人以及 1 个专业工作室（张智敏教授工作室负责数据输入及分析）。

需要说明的是，在调研开始之前，调研指南的编写非常重要，调研指南主要是指对调研目的、调研对象和时间安排的说明，它为后期的调研工作提供了规范性的指导，同时也对问卷发放进行了一定限制。比如，限定调查对象必须为 18 岁以上的中国公民，否则数据无效；要求回收率不低于 95%；要求各行业调查对象比例不低于 10%，严格控制学生比例；等等。由于是自有团队，可以就这些具体要求进行直接交流，因而能够保证后期数据是高效率和优质的。

在确定调研指南后，具体调研主要有三种线下形式。一是调查中心派调查人员赴实地调查；二是委托调研点调查，调研点为湖北大学高等人文研究院和委托单位共建，目前有 11 个；三是采取典型人物访谈和典型个案调查等线下调研方式。

2020 年新冠肺炎疫情的出现，使得线下调研的方式无法实现，因此在 2020 年 3 月，武汉疫情稍有缓解的时候，我们就开始选择互联网线上调研合作平台。经过比较和筛选，最终确定与 Credamo 线上调研平台合作。Credamo 数据集市为众包模块，被试可以看到 Credamo 发布的问卷并通过网络填写完成问卷。其特点有二：一是实名被试库，Credamo 平台拥有数百万实名被试，且被试的职业分布非常广泛，符合我们在人口学意义上对被试分布的要求；二是有偿问答，一旦研究人员接受被试的答题，被试就会获得一定的报酬，同时也只有被接受的数据（有效数据）才能在平台上下载或分析。

线上问卷调查主要特点是：改变了问卷发放与回收的形式，而问卷形成的基本模式并没有改变，也就是提出“问卷总体设计思路与框架—征集研创建议—问卷修改与定稿”前三个环节没变，线下的数据录入变成了线上的格式转换，数据分析也可以在线上进行。即相对于线下调研而言，线上调研将线下由团队和专业工作室来完成的问卷发放和基础数据分析环节，交由线上平台来完成。

四 线下调研与线上调研的差异对比

（一）线上调研与线下调研的共同点

就调研环节来说，有些具体限定能够保证数据的可信度和代表性，而这一要求在线上调研和线下调研都是可以实现的。只不过实现的方式有所不同：在线下调研中，调研人员按照指南规范人员限定；而在线上调研中，调研平台首先根据抽样分布标准筛选目标被试，然后定向推送问卷给目标被试。这些具体限定要求包括：第一，选择目标被试为 18 岁以上的中国公民，男女比例接近 1∶1；第二，被试的职业需要尽量覆盖工人、农民、专业技术人员、党政机关工作人员、教师、学生、服务行业从业人员、企业管理人员、国家党群企事业单位负责人和自由职业者；第三，被试尽量覆盖全国每个省、自治区、直辖市，每个省份回收问卷 200 ~ 300 份，且每个省份都需要考虑被试居住地的城乡分布比重。

（二）线上调研的优势

第一，低成本。线上调研经济成本和时间成本都较低。线上调研减少了人工费、差旅费等费用，除此之外，线上调研回收周期非常短。同样是 7 月发放，线上调研截至 9 月 15 日，除西藏、青海等个别省份的问卷回收份数未达到预定的数量外，其他省份均完成了问卷收集工作。而在以往的线下调研中，问卷回收的截止时间往往要持续到 11 月底才能结束。

第二，高回收率和有效率。主要依靠线上平台采取的信用分级，即如果被试不认真作答问卷，研究人员可以拒绝被试的数据，同时被试也会被扣掉信用分数，而认真回答的被试则可以获得相应的报酬。平台通过征信系统来实现被试的优胜劣汰，以保证平台能够长期持续地为研究者提供高质量的数据。也就是说，线上系统会自动剔除无效问卷，无效问卷不会在平台显示；而在线下调查中，对于不合格的问卷要通过人工分拣，无效问卷在回收问卷中占有一定的比重。因此线上平台通过相关技术手段的控制，能获得更多的有效问卷和更高的有效回收率。

（三）线上调研的不足

第一，对于全国性调查而言，线上调研不具有代表性。根据第 45 次《中国互联网络发展状况统计报告》，截至 2020 年 3 月，我国网民规模达 9.04 亿，互联网普及率达 64.5%，我国手机网民规模达 8.97 亿，普及率大概为 64%。我国农村网民占网民整体的 28.2%，城镇网民占网民整体的 71.8%。因此，我国互联网基础数据显示，当前研究者们无法单纯依靠线上调研获得反映全国的具有代表性的可靠数据。

第二，基础信息的准确性不足。以调查的职业分类要求为例，具体分为工人、农民、专业技术人员、党政机关工作人员、教师、学生、服务行业从业人员、企业管理人员、国家党群企事业单位负责人、自由职业者十个类别。线上平台虽然能够通过技术手段限定职业配比，但是由于缺乏面对面的交流，因此无法保证被试填写信息的真实性。

第三，有效问卷的判定标准。对有效问卷的判定，线上调研问卷较宽松，线下调研问卷则更为严格。考虑到线上作答者的专注力和耐心，线上调研问卷对有效问卷的判定比较宽松，不太注重问答的逻辑连贯性，测谎题的设置也较为简单，数量较少。而线下调查对被试答题的逻辑性检验以及测谎题的设置要严格得多。

因此，就本团队所重点开展的微观态度调查来说，由于目前的技术限制，线上调研所获得的数据在真实性、准确性上还难以取代线下调研。

五　关于线上调研与线下调研的展望与思考

第一，线上调研更能契合新兴数字文化产品和服务的发展。进入"十四五"时期，文化产业作为国民经济的支柱性产业，将整体迈向高质量发展和数字文化产业腾飞发展的重要阶段。《中共中央关于制定国民经济和社会发展第十四个五年规划和二〇三五年远景目标的建议》提出，"实施文化产业数字化战略，加快发展新型文化企业、文化业态、文化消费模式"。为应对国家“十四五”时期文化产业数字化战略，相关部门还出台了《关于推动数字文化产业高质量发展的意见》《关于支持新业态新模式健康发展　激活消费市场带动扩大就业的意见》等多项政策。从文化产业数字化的大背景来看，线上调研有着先天的优势，更能契合新兴数字文化产品和服务的实际情况与发展规律。因此，在“十四五”时期，本研创团队将更加注重借由线上调研对优秀文化资源数字化、文化和旅游数字化融合，以及对线上文化产品、“互联网+”文化平台、数字文化服务新业态（云演艺业态、云展览业态、沉浸式业态）等新型文化企业、文化业态和文化消费模式的调查与研究。

第二，线上调研仍然存在短板，只有将线上调研、线下调研相结合才能获得高质量的调查数据。线上调研能否获得准确的、有代表性的感知性数据，对于这个问题的答案却仍然是模糊的。原因就在于线上调研因技术或者实际操作上存在的短板，还无法十分准确地反映出调查对象的真实感受。

的确，当前线上调研公司、调研平台、调研机构层出不穷，它们为广大社会科学工作者提供了便利，甚至是带来了革命性的变化。但是这种便利仍停留在浅层次，且存在些许弊端。要想获得“好”数据则还需要更多技术手段上的改进和创新，以及社会科学工作者为这些平台提出建议，并督促线上平台尽早实现高质量的调研。而在技术手段尚有不足的时候，社会科学工作者仍然不能放弃线下调研，尤其是对县级地区、乡镇等互联网普及率相对不高的地方，仍应深入一线进行调研。

参考文献

《中共中央关于制定国民经济和社会发展第十四个五年规划和二〇三五年远景目标的建议》，中华人民共和国中央人民政府官网，http：//www. gov. cn/zhengce/2020 - 11/03/content_ 5556991. htm。

《国务院办公厅关于以新业态新模式引领新型消费加快发展的意见》，中华人民共和国中央人民政府官网，http：//www. gov. cn/zhengce/content/2020 - 09/21/content_ 5545394. htm。

《文化和旅游部关于推动数字文化产业高质量发展的意见》，中华人民共和国中央人民政府官网，http：//www. gov. cn/zhengce/zhengceku/2020 - 11/27/content_ 5565316. htm。

李向民、杨昆：《新中国文化产业 70 年史纲》，《福建论坛》（人文社会科学版）2019 年第 10 期。

数据时代体育类皮书研创的实践与思考*

徐　烨**

摘　要： 上海体育学院自参与体育类皮书编撰工作以来已先后出版7部体育蓝皮书。在多年的皮书编撰出版实践中，形成了体育类皮书编撰工作中需要注意的“四个统一”原则和四个特性。同时，结合大数据时代的背景，提出体育类皮书研创应注意辨别数据质量，提高数据挖掘深度，以及避免陷入“唯数据论”的三点思考。

关键词： 体育类皮书　皮书研创　数据使用

---

* 本文根据作者在第二十一次全国皮书年会（2020）平行论坛上的发言录音整理而成，已经本人审阅。部分数据修改为2021年，特此说明。

** 徐烨，上海体育学院上海运动与健康产业协同创新中心助理研究员，研究方向为体育产业。

一　上海体育学院体育蓝皮书的研创流程

（一）体育蓝皮书编撰出版情况

自2014年以来，上海体育学院上海运动与健康产业协同创新中心开始深度参与体育类皮书的研创工作，截至目前已先后出版了《中国体育产业发展报告（2019）》《中国体育产业发展报告（2020）》《长三角地区体育产业发展报告（2014～2015）》《长三角地区体育产业发展报告（2016～2017）》《长三角地区体育产业发展报告（2018～2019）》《上海体育产业发展报告（2014～2015）》《上海体育产业发展报告（2017～2018）》7部体育蓝皮书。2021年计划出版《长三角地区体育产业发展报告（2020～2021）》、《中国体育产业发展报告（2021）》及《上海体育产业发展报告（2019～2021）》。其中《长三角地区体育产业发展报告》是国内首部区域性体育产业发展报告，在长三角区域一体化战略大背景下具有一定的实践创新性和引领性。

（二）体育蓝皮书编撰经验分享

在七年的体育蓝皮书编撰出版实践中，编撰团队也积累了一些经验，尤其是面对同一年度出版两本体育蓝皮书的繁重任务，逐渐形成一套完整的工作流程。下面以《长三角地区体育产业发展报告（2020～2021）》为例，分享体育蓝皮书的编写工作流程。

1. 前期准备

《长三角地区体育产业发展报告（2020～2021）》于2021年4月启动，并于4月底召开启动会。启动会的主要任务是根据本书的编撰方案，确定全书框架、编撰团队、各章节负责人，以及编撰进度。启动会邀请相关专家对全书框架内容、主题的科学性和可操作性进行论证，并结合各编撰团队的研究领域，分配编写任务，明确重要的时间节点。

为了保证蓝皮书各章内容的质量与进度，在启动会后，编撰组通常会要求各章节负责人尽快提交章节大纲。一方面，是确保各章节的内容质量，保证撰写工作具有可操作性，提前排除由于缺乏数据和支撑材料而导致的撰写问题，让作者尽量少走弯路，提高撰写效率；另一方面，通过提交章节大纲的形式，也能客观上引起作者对撰写工作的重视，保证进度。

2. 初稿撰写

待各章节大纲经过反馈修改后，就进入正式的初稿撰写环节。编撰组通常会根据当年蓝皮书出版的时间要求等安排初稿提交时间。《长三角地区体育产业发展报告（2020～2021）》相比往年的启动时间晚，出版时间更紧张，因此，编撰组还在初稿撰写阶段安排了一次中期推进会，以确保各章节的编写进度。中期推进会要求各章节负责人介绍撰写情况、撰写进度以及在实际撰写过程中遇到的问题和需要提供的帮助。通过中期推进会，编撰组能大致掌握全书的编写进度，并及时解决作者遇到的问题，提高撰写效率。

3. 专家评审及修改

待各章节初稿完成后，编撰组通常会组织三轮反馈。第一轮反馈是针对各章内容的结构性、框架性问题的反馈；第二轮反馈来自专家意见，确保文章内容的科学性、可读性和新颖性；第三轮反馈是针对文章书写规范的修改，如完善资料来源等，保证全书要件和格式的规范性。

4. 提交初稿及后续工作

经过多轮的修改和完善，编撰组向出版社提交初稿，并配合进行后续的修改等相关工作。

通过定期召开推进会、及时了解作者编撰进度，并且组织各方专家进行评审修改，是确保体育蓝皮书能在多方参与的情况下，保质保量按时完成编撰工作的有效方法。

二 皮书编写的“四个统一”原则和四个特性

在近年来的体育蓝皮书编写实践中，编撰组也不断总结每年的编写经验，逐步形成了对体育蓝皮书编写的一些认识，包括“四个统一”原则和四个特性。

（一）皮书编写的“四个统一”原则

1. 独立性和权威性统一

蓝皮书是智库成果的一种创新形态，并承担着为政府决策、学术研究等提供资料、数据的重要任务，其影响领域十分广泛。因此，编撰出版一本科学严谨的皮书，必须首先保证其既具有独立性，又不失权威性。独立性是指主要编写单位应该保持学术独立。中心每年组织来自全国各大体育类高校的学者参与撰写工作，作者在编撰过程中应始终保持学术观点的客观、独立，不因政治、市场等因素限制研究方向。同时，考虑到中心承担的三本蓝皮书编撰工作均来自体育部门的委托，书中公开的数据、信息具有一定的官方性质，因此，全书的内容具有一定权威性。因此，体育蓝皮书在编撰过程中十分重视保持书中观点既具有独立性，又不失权威性。

2. 个性和整体性统一

在皮书编写的实际工作中，编撰组常常会遇到一个现实问题，即各章节的作者背景不同、写作风格不同，导致各章节的文风文体也大相径庭。而蓝皮书作为一个整体，必须保持其统一性。因此，编撰组在后期的统稿工作中，十分重视各章节文风文体以及内容框架的整体性。尤其在使用数据的年份范围、各章节的内容框架等方面，都在前期与作者的沟通中进行强调。同时，在保证全书风格统一的基础上，各章节的个性色彩也应得到充分的保留和展现。各章节主题不同、研究对象不同、探索解决的问题也不同，这决定了内容观点的个性与特色，并成为本皮书的价值所在。协调好全书的整体性与各章节的个性是编写好一本体育蓝皮书的重要原则。

3. 连贯性和新颖性统一

考虑到中心承担的三本体育类皮书都已连续出版至少两本，因此，皮书内容的连贯性成为编撰工作中需要重要考虑的内容。每年出版的皮书，都应考虑与前几本已出版皮书在内容上的衔接。例如，隔年出版的《上海体育产业发展报告》会对上海体育产业近两年的整体发展情况进行梳理，也会就各业态发展的情况进行总结，为读者提供具有连贯性的参考信息。但同时，考虑到全书的创新性，每年出版的皮书相比这一系列的上一本皮书又应当有更多的新内容，保证读者能获得最新的资讯和观点，这对编撰组和作者都提出了更高要求。因此，在全书框架的拟定中，编撰组既会保留常规性的章节，又会结合每年的热点时事，增加新章节，以此实现连贯性和新颖性的统一。

4. 实践性和前瞻性统一

中心承担的蓝皮书编撰任务在内容定位上，一是总结地方或全国在体育产业领域发展的先进做法，二是对未来体育产业发展做出前瞻性的研究和探讨。例如，在长三角区域一体化发展的国家战略大背景下，《长三角地区体育产业发展报告》是苏浙皖沪三省一市共同总结、分享区域体育产业一体化实践工作和成果的报告，书中汇集了大量具有创新性和示范性的案例，为其他区域的体育产业一体化工作提供了借鉴。同时，该书也选取部分有前瞻性的主题，进行深入研究，为未来体育产业一体化工作提供理论支撑。因此，蓝皮书内容既来源于实践，又面向实践，以指导实践为目标，坚持实践性和前瞻性的统一。

（二）皮书编写的四个特性

编撰团队在参考社会科学文献出版社构建的皮书综合评价指标体系的基础上，结合实际编写经验，总结出皮书编写工作需要重视的四个特性。

1. 实证性

数据是皮书的灵魂。皮书鼓励通过社会调查获得一手数据，构建原创的评价指标体系对数据进行实证分析。皮书也扮演了许多统计数据官方公布渠道的重要角色。以《上海体育产业发展报告》为例，该书每年都是上海体育产业统计、上海体育消费调查、上海体育产业名录库等调查数据公开发布的渠道。除了公开发布数据，皮书还承担了汇总零散数据的功能。尤其在体育领域，行业数据呈现零散化、多样化、非标准化的特征，例如，全国及地方每年会发布体育产业的统计数据，运动项目协会也会定期发布各运动项目相关的统计数据，各类数据不仅零散，甚至可能存在统计口径不同导致的差异。中心组织编撰的《长三角地区体育产业发展报告》就发挥了汇总苏浙皖沪三省一市体育数据的功能，把各个口径的数据放到同一个维度上进行比较，或作为一个整体观察体育产业发展情况。

2. 规范性

规范性是团队吸取近几年编撰工作的经验教训总结出的另一条重要特性。皮书的编撰工作历来强调规范性，在《皮书手册》中也专门就规范性提出了要求。中心在承担蓝皮书编撰工作初期，也曾因为编写不规范等问题，耗费了大量的时间和精力。例如，在《中国体育产业发展报告（2019）》的编撰工作中，各章数据量大且零散，并出现大量来自网络和非权威机构发布报告的二手数据，而编撰团队在初期未重视数据引用的规范性问题，导致稿件中大部分数据缺少资料来源，或来源不规范，这给后期统稿工作带来了巨大的工作量。吸取了经验教训后，在此后的所有蓝皮书编撰工作中，编撰团队都十分重视在各个环节向作者强调编写规范性的问题，避免了后续不必要的工作。

另外，规范性问题还体现在数据选择上。体育行业数据来源分散，有大量数据来自市场机构、行业协会，其可靠性难以保证。因此，作者在选用数据时，应格外注意所选取的数据的权威性和资料来源的规范性。

3. 时效性

每年出版的蓝皮书都会注明年份，代表该书反映的是特定年份的产业发展情况，因此皮书的时效性也是需要关注的问题。但考虑到皮书编写、出版的时间周期，团队常常会遇到现有数据跟不上出版节奏的问题。以《上海体育产业发展报告》为例，每年上海市体育产业统计数据在次年的 9 月或 10 月公布，且往往是全国最早公布上年度体育产业统计数据的省份之一。但根据皮书编写出版的时间进度，当年出版的皮书，最晚需要在 9 月初提交初稿，因此最新的数据难以反映在当年的报告中。正是由于统计数据具有滞后性，而皮书编撰出版又需要一定的时间周期，因此皮书内容的滞后性难以避免。

但也应注意，皮书的内容涵盖广泛，数据仅是其中的一小部分，如果官方统计数据由于出版进度的问题难以及时更新，则应重视通过其他方面的内容充分反映产业发展的整体情况，不应拘泥于数据。

4. 创新性

目前中心承担的体育类皮书包括《中国体育产业发展报告》（每年出版）、《长三角体育产业发展报告》（隔年出版）和《上海体育产业发展报告》（隔年出版）的编撰出版工作，因此会面临一个问题：产业的发展往往是一个十分漫长的过程，虽然每年都会有新变化、新趋势，但放到更宏观的视角下看，这种变化是十分微小的。因此，每年在蓝皮书工作启动时，编撰组成员都会展开头脑风暴，尽可能将近一年或两年体育产业发展中的新变化体现到皮书中来。以《上海体育产业发展报告（2017～2018）》和《上海体育产业发展报告（2019～2021）》为例，表 1 展示了这两本蓝皮书的部分目录，大致可以反映上海体育产业在这五年中发展的重点和特色。

表 1 《上海体育产业发展报告》部分目录

书名	《上海体育产业发展报告（2017～2018）》	《上海体育产业发展报告（2019～2021）》
总报告	全球城市视角下上海体育产业发展研究	加快推动上海体育产业高质量发展研究
分报告	加快国际体育赛事之都建设研究	上海体育竞赛表演产业发展报告
	提升上海健身休闲产业能级研究	上海健身休闲产业发展报告
	提升上海体育场馆服务水平研究	上海市体育场地设施建设与运营报告
	完善上海体育服务体系建设研究	上海市青少年体育培训市场发展报告
	上海打造国际体育贸易中心研究	上海体育用品业发展报告
	增强体育装备研发制造能力研究	上海市体育消费发展研究
	提升上海体育消费水平研究	上海体育企业发展报告

根据表 1 的部分目录，两本蓝皮书都包含对上海体育产业发展情况进行总结的总报告。分报告中，两本书都包含围绕竞赛表演产业、健身休闲产业、场馆服务业和体育消费的发展报告。

三 对数据时代体育类皮书研创的思考

身处大数据时代，我们的周围充满了各种各样的数据。数据中蕴含了大量信息，是宝贵的资源，但数据发挥其价值的前提就是对其进行合理的开发和利用。结合中心参与皮书研创工作的实践，总结体育类皮书编撰中存在的数据使用问题及三点建议。

一是数据质量参差不齐，影响皮书质量。由于我国体育产业发展起步较晚，对于产业数据的搜集、整理和利用工作才刚刚起步，在许多省份和城市甚至还没有建立起体育产业统计制度，因此，可靠的体育产业数据成为稀缺资源。而随着近年来体育产业逐渐受到重视，越来越多的机构涌入体育市场，纷纷发布各领域的体育数据，这些数据无论在统计方法还是统计口径上都需要认真推敲和辨别。因此，未来体育类皮书的编撰工作需要更加重视数据质量，以保证皮书内容的严谨性。

二是数据利用不充分，影响皮书内容深度。很多作者在皮书的写作中会对所得到的数据进行简单的描述和分析，并得出相应的结论，却缺乏对数据的深度挖掘，导致皮书内容观点浮于表面，千篇一律。虽然体育产业数据有限，但应在有限的数据资料基础上，尽可能地挖掘其内涵，通过多元化的研究方法，充分利用好数据。

三是陷入“唯数据论”，忽视对本质的研究。在几本皮书的编写中，常常有作者会因为缺少某一部分数据就停止撰写，没有数据就无法完成书稿的情况。但数据只是客观反映产业发展情况的一个维度，体育产业的整体发展情况体现在诸多方面，编撰团队应警惕陷入为了使用数据而使用数据的怪圈。在数据不足的情况下，则更应该思考从其他维度深入挖掘事物发展的本质与规律。

皮书对治理体系研究的呈现及推动*

杜专家**

摘　要： 在治理问题成为中国乃至世界都关注、讨论和研究的背景下，皮书作为重要的智库成果，对不同领域或地区的“治理”相关研究进行了连续的、多学科的、跨行业的全景式呈现，推动了这些研究在学术科研、资政决策、媒介教育等方面的应用和发展，为推动国家治理体系和治理能力现代化的实现，以及讲好中国治理进程、传播好中国治理经验贡献了力量。

关键词： 皮书　治理体系　智库平台　话语体系

皮书是中国社会科学院所属社会科学文献出版社出版的蓝皮书、绿皮书、黄皮书等的简称，是对中国和世界发展状况及热点

---

* 本文刊发在《出版广角》2020 年第 20 期。

** 杜专家，北京邮电大学马克思主义学院讲师，社会科学文献出版社皮书研究院特约研究员。

问题进行年度监测，以专业的角度、专家的视野和实证研究方法对某一领域或区域的现状和发展趋势展开分析与预测，具有原创性、实证性、专业性、连续性、前沿性、时效性等特点的公开出版物[①]。作为智库报告的主要形式之一，皮书是同一主题或同一机构（团队）智库报告的聚合，对记录中国发展，理解中国道路，分享中国经验，构建中国话语体系具有重要意义[②]。

党的十八届三中全会公报提出，全面深化改革的总目标是完善和发展中国特色社会主义制度，推进国家治理体系和治理能力现代化。“治理”（Governance）作为一种新提法首次出现在正式文件中，不同于之前强调自上而下的管理或统治，而是更强调包括国家管理者、人民、各组织、各单位等多元主体的共同参与[③]。“治理”概念提出后，相关研究更加广泛深入地围绕不同领域或不同地区的治理主题展开。其中，皮书充分利用自身的研究连续性、学科多样性、深入行业性、视野国际性等优势，连续、全面、深入、广泛地呈现治理研究在新时代的蓬勃发展，为推动相关的学术研究、资政决策和媒介教育贡献了力量[④]。

一　皮书中与治理相关研究的呈现

皮书对治理相关研究的呈现可分为两种形式：一种是治理

① 谢曙光主编《皮书研究：理论与实践》，社会科学文献出版社，2011。

② 谢曙光主编《皮书研创与智库建设》，社会科学文献出版社，2014。

③ 俞可平等：《中国的治理变迁（1978～2018）》，社会科学文献出版社，2018。

④ 谢曙光、吴丹：《皮书与当代中国研究》，《出版广角》2016年第13期，第20～23页。

类皮书，治理类皮书是对某一领域或某一区域治理情况进行专题研究的报告合集，如《中国生态治理发展报告（2019～2020）》《深圳社会治理与发展报告（2019）》等；另一种是以“治理”为关键词的治理类皮书报告，这些报告分布在各类型皮书中，如《中国大数据发展报告 No.3》中的“数字政府：政府治理能力建设与公共治理创新的战略选择”、《山东社会形势分析与预测（2019）》中的“2018～2019 年山东乡村治理现状、问题与对策”、《中国国际安全研究报告（2018）》中的“2017 年全球安全治理特点分析”等。显然，后者的范围更广一些，也更能反映出皮书对治理相关研究的关注与覆盖。因此，本文中以“治理”为关键词，在皮书数据库中搜索出 2002～2019 年所有类型皮书中将“治理”作为关键词的报告，并按照年份、学科、行业、地区的不同进行类型划分和分析比较（见图 1）。

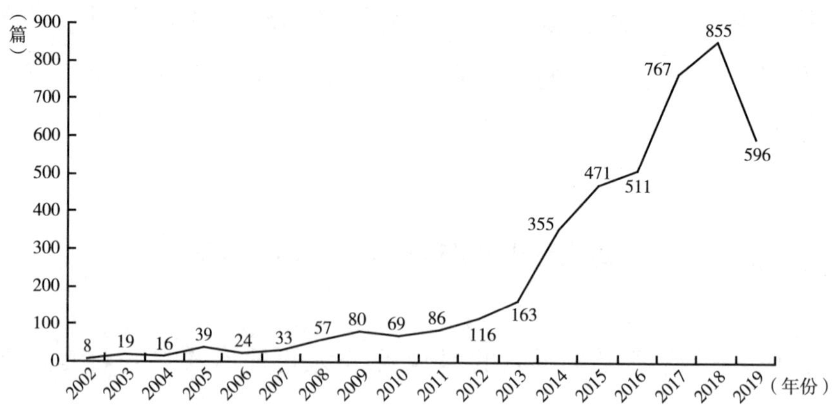

图 1　2002～2019 年皮书中以“治理”为关键词的报告量趋势

资料来源：皮书数据库。

1. 基于年份的类型分析

从报告量和变化趋势可以看出，2012 年之前的报告量维持在每年 100 篇以下且变化幅度不大，而 2012 年及之后，报告的数量和增幅都有了很大的变化。由此可见，基于报告量的变化趋势，可以在时间序列上把以“治理”为关键词的皮书报告分为两个发展阶段：平缓增长期和大幅变化期。在平缓增长期我们可以看到，在皮书被正式命名后不久的 2002 年，就已经有 8 篇以“治理”为关键词的皮书报告出现。其中，出版最早的是《2002 年：中国首都发展报告》中的“北京沙尘暴治理的几点思考”。在平缓增长期，治理类皮书报告每年稳定增长，关注的议题也逐渐从最初的环境治理逐渐扩大到公司治理、社区治理、全球治理等。在大幅变化期我们可以看到，在 2012 年及之后皮书中以“治理”为关键词的报告量有了大幅增加，尤其是 2013 ~ 2014 年，以“治理”为关键词的皮书报告量增幅高达 117.8%。分析原因不难看出，2013 年是“治理”概念正式提出的元年，所以皮书紧跟党和国家关注重点，推出了很多呈现治理问题和解决治理难题的研究成果，如“生态治理蓝皮书”“互联网治理蓝皮书”等权威智库报告。2019 年较之 2018 年报告量有所下降，是因为皮书在快速发展中更注重推出优质研究成果。正如社会科学文献出版社原社长谢寿光在 2019 年版皮书评价线上启动会所讲：“经过 20 多年的沉淀，皮书进入了高质量发展阶段。”

2. 基于学科的类型分析

从图 2 可以看出，皮书中以“治理”为关键词的报告已经覆盖多个学科，其中既有社会科学类学科，如社会学、管理学、马克思主义、新闻学与传播学等，也有自然科学类学科，如环境科学技术、计算机科学技术、安全科学技术、地球科学等。可见，皮书对不同学科领域的治理问题都有覆盖，体现了对治理研究的全面性。

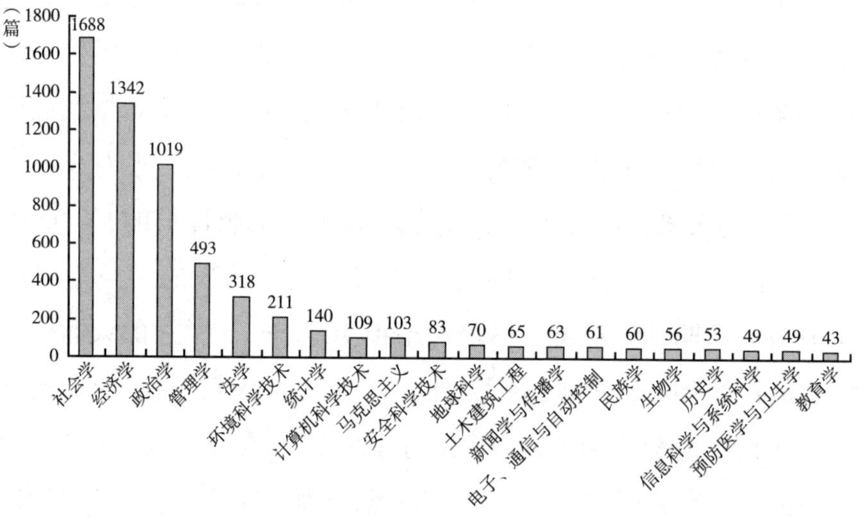

图 2　2002～2019 年皮书中各学科以“治理”为关键词的报告量

资料来源：皮书数据库。

从图 2 可以看出，报告量超过 300 篇的学科主要集中在社会科学类学科。从皮书数据库中这些学科下的报告可以看出，不同学科报告关注的治理问题各异：隶属社会学学科的报告较多地关注社会治理问题，隶属经济学学科的报告较多地关注企业治理问题，隶属政治学学科的报告较多地关注国家治理问题，隶属管理学学科的报告较多地关注基层治理、城市治理等问题，这些问题正是中国实现国家治理体系和治理能力现代化需要重点关注的问题。由此可以看出，皮书对治理问题的呈现不仅全面，而且有所侧重。

3. 基于行业的类型分析

在行业分类上，皮书关注公共管理和社会组织，水利、环境和公共设施管理业，卫生、社会保障和社会福利业，租赁和商务服务业，信息传输、计算机服务和软件业，文化、体育和娱乐业，科学研究、技术服务和地质勘查业，金融业，农林牧渔业，教育，国际组织，居民服务和其他服务业，交通运输、仓储和邮政业，制造业，房地产业，采矿业等多个行业的治理问题。

其中，对公共管理和社会组织，水利、环境和公共设施管理业以及卫生、社会保障和社会福利业关注较多（见图 3），而这些行业也是中国治理研究关注的重点。由此可以看出，皮书做到了对治理问题的准确把脉，选取“想国家之所想，急国家之所急”的行业领域问题进行研究。体现这些治理问题报告的皮书有“低碳经济蓝皮书”“扶贫蓝皮书”“健康中国蓝皮书”等。

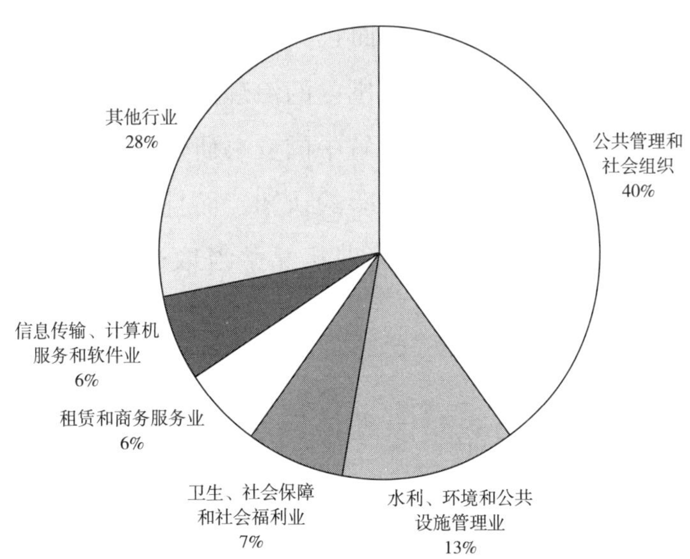

图 3　2002～2019 年皮书中各行业以“治理”为关键词的报告量

资料来源：皮书数据库。

4. 基于地区的类型分析

皮书不但关注中国的治理问题，而且对世界和主要地区、国家的治理问题都有关注。其中，关于中国治理问题的报告有1085 篇，关于美洲治理问题的报告有 151 篇，关于亚洲治理问题的报告有 115 篇，关于世界整体治理问题的报告有 102 篇，关于欧洲治理问题的报告有 96 篇，关于非洲治理问题的报告有 23 篇，关于大洋洲治理问题的报告有 9 篇。代表性的皮书报告有"首都社会治理创新的探索与思考""加拿大环境领域的合作治理模式及借鉴""2016 年日本网络社会治理状况""中国北极话语权及其提升路径研究""波兰克拉科夫市治理雾霾的综合管理体系""南非参与全球治理的理念与实践""新西兰反腐局的制度性研究"等。

上述跨越世界不同国家和地区的皮书研究报告，充分彰显了皮书不但具有"家国情怀"，而且具有"国际视野"，既充分关注国内治理问题，也将世界范围内的治理问题纳入关注领域。这不仅有助于国际社会更好地了解中国皮书研创者的思想，增进对中国道路、中国模式、中国经验的认知，而且对中国学者和读者了解世界其他国家和地区的治理状况并汲取治理经验具有重要意义。

二　皮书出版对治理体系建设的推动作用

1. 数据支撑：对治理发展的全程全景式记录

皮书对治理问题的研究不仅在年份上形成了连续性，蕴含了难得的面板数据（Panel Data），能够及时反映中国治理研究的发展状况以及许多国际重大治理问题的研究成果，为国内外研究者提供翔实权威的研究资料，推动治理研究的国际交流①。而且，皮书对治理问题的研究覆盖了不同学科、不同行业和不同区域，形成治理大数据，为之后的治理问题研究提供了丰富的数据支撑。

近 10 年，“治理”主题的报告总数量达 3989 篇，涉及社会学、经济学、政治学等 100 个学科，环境治理、法律服务、社会福利业等 101 个行业。皮书对治理的记录不仅具有时间上的全程性，而且从多学科、多行业的视角提供了全景式记录。皮书中讨论的治理问题涉及中国及其他国家和地区的经济、社会、文化、网络、法治、旅游、科技、教育等多个领域，门类齐全。皮书数据及资料的连续性和原创性，为深入分析治理问题提供了重要的研究资料。

2. 资政决策：对治理问题的深入探讨

皮书作为重要的智库产品，凭借研究方法的科学性和数据资料的准确性赢得了越来越多政策制定者和参与者的关注②。皮书中对治理问题的统计数据、调查数据及建模预测等，对分析、解决和预测治理问题具有重要意义，因为皮书研究鼓励使用一手数据，而且作者和编辑出版团队都具有国内顶尖水平，作者来自北京国际城市发展研究院、中共中央党校（国家行政学院）、北京师范大学、中央党史和文献研究院、中国社会科学院等著名智库（见表 1）。此外，皮书中的治理相关研究紧扣现实问题，重视问

① 谢曙光主编《皮书手册：写作、编辑出版与评价指南（第三版）》，社会科学文献出版社，2018。

② 谢曙光主编《皮书研创与当代中国研究》，社会科学文献出版社，2018。

题导向，对当下治理所关注的热点和重点问题进行了专业的分析和评价。

表1　2002～2019年撰写皮书治理报告数量前10名作者及其所在智库

排名	报告数量	作者	智库名称
1	184	连玉明	北京国际城市发展研究院
2	172	朱颖慧	北京国际城市发展研究院
3	42	魏礼群	中共中央党校(国家行政学院)、北京师范大学
4	30	邢旭东	北京国际城市发展研究院
5	27	赵秋雁	北京师范大学
6	25	杨丽	北京师范大学
7	22	杨雪冬	中央党史和文献研究院
8	18	邢旭东	北京国际城市发展研究院
9	18	张俊立	北京国际城市发展研究院
10	16	李红玉	中国社会科学院

资料来源：皮书数据库。

3. 话语体系构建：增进社会公众对治理体系的了解

话语体系是一定时期社会经济发展状态及时代精神、文化传统的综合表达，反映了国家的软实力。治理话语体系的构建不但需要学术话语的支撑，而且需要大众话语对治理理念及实践的普及推广。皮书正成为一个话语构建平台，为对中国治理问题有深刻理解的专家学者提供了一个展示其观点的舞台，为对中国治理现状有热切渴望了解的广大读者提供了一个信息平台，为中国治理理论与实践的结合提供了一个场域①。因此，皮书具有良好的

① 谢曙光主编《中国皮书发展报告（2019）》，社会科学文献出版社，2019。

可读性，不但适合政府、研究机构、企业和社会组织等专业人员阅读，而且适合关注治理问题的一般民众阅读，有利于增进民众对治理的认知，为中国治理话语体系的构建打下扎实的群众基础。

三 治理研究领域皮书出版的未来展望

1. 实现对治理体系的更好覆盖

党的十九届四中全会系统总结了包括党的领导制度体系、人民当家作主制度体系、中国特色社会主义法治体系、中国特色社会主义行政体制、社会主义基本经济制度、社会主义先进文化的制度、统筹城乡的民生保障制度、共建共治共享的社会治理制度、生态文明制度体系、党对人民军队的绝对领导制度、“一国两制”制度体系、独立自主的和平外交政策、党和国家监督体系在内的中国国家治理体系。目前已出版的皮书基本覆盖了这些领域，如“发展和改革蓝皮书”“法治政府蓝皮书”“行政改革蓝皮书”“经济蓝皮书”“文化蓝皮书”“社会蓝皮书”“生态治理蓝皮书”“香港蓝皮书”“澳门蓝皮书”“公共外交蓝皮书”“反腐倡廉蓝皮书”等。在未来的发展中，要实现皮书对治理问题的更好覆盖，不仅需要更加全面地覆盖国家治理体系所包括的各个体系、制度、政策，还要进行更加深入的研究。

2. 挖掘提升治理能力的潜力点

治理相关的皮书报告是基于学理支撑的，不仅是对治理问题的简单描述，而且是具有研究性的，能够挖掘现有的治理存在的问题及不足。皮书报告不仅描述了治理发展的“形”，还分析了治理发展的“势”，对挖掘提升治理能力具有重要意义。同时，皮书将学术理论与实践创新相结合，推动了研究成果转化为治理效能的实现。实现治理体系和治理能力的现代化，需要从解决最基本的问题入手。皮书正是围绕某一主题或某一区域问题展开的系统性论述，从最基本问题着手来挖掘提升治理能力的潜力点，如在社会保障、教育文化、法律服务、卫生健康、医疗保障等基础民生方面，皮书通过“社会蓝皮书”“教育蓝皮书”“法治蓝皮书”“健康管理蓝皮书”“老年健康蓝皮书”等进一步总结相关治理经验，补足治理短板。

3. 传播中国治理成就和经验

随着中国的崛起，国际社会对中国治理的成功投来了越来越多关注的目光，期待中国通过坚持多边主义、扩大合作来为全球治理贡献新方案，提供实现共同发展的新动能[①]。因此，讲好中国故事、传播好中国声音成为出版从业者的重要任务。皮书通过充分阐释中国道路、中国模式、中国经验，增进了国际社会对中国发展，特别是中国治理的理解、认同和支持。中国已经发展成为影响世界发展的重要力量，打造一套属于自己的话语体系，进而提高国际影响力成为当务之急。皮书通过打造更多经典智库报告，出版更多外语版皮书和进一步完善皮书数据库等，把中国的治理经验更好地介绍给世界。

皮书作为重要的智库成果，凭借原创首发、实证客观、专业权威、连续出版、关注前沿、及时更新的特征，为治理研究的呈现搭建了平台，提供了空间，也为中国治理经验的国际传

① 燕继荣等：《中国现代国家治理体系的构建》，社会科学文献出版社，2018。

播提供了重要工具，对实现中国国家治理体系和治理能力的现代化，以及讲好中国治理进程，传播好中国治理经验具有重要意义。

皮书品牌建设

成就品牌价值，塑造千秋基业

——从读者、作者、编者、评者四个角度看皮书

梁启东*

摘　要：本文从读者、作者、编者、评者四个角度，分析了“皮书”这一中国出版界的独特创造和中国社科界重要的文化现象，提出了皮书成就品牌价值的思路和建议。本文提出，从读者的视角看皮书，皮书要成就品牌价值，必须通过内容上的全面性、原创性，观点上的权威性、影响力，以及出版的时效性和连续性，保持皮书质量不断提高，进而增强读者黏性；从作者的视角看皮书，皮书要成就品牌价值，必须提高创作站位，树立强烈的时代意识、群众意识、大局意识、实践意识，通过皮书对社会的智力影响来塑造皮书品牌；从编者的视角看皮书，皮书要成就品牌价值，必须对全书做好顶层设计、整体布局策划，保证皮书编撰的结构完整性，用“价值链”引领，用“创新链”整合；

* 梁启东，辽宁社会科学院副院长、研究员，“辽宁蓝皮书”主编。

从评者的视角看皮书，皮书要成就品牌价值，必须实现区域和布局均衡、结构完整，同时保持皮书评审的长期性、持续性，形成更为全面、更为科学、更有操作性的评价指标体系。

关键词： 品牌价值　读者黏性　调查研究

“皮书”是中国出版界一个独特的创造，是中国社科界一个重要的文化现象。从最初只是一个出版社的学术产品名称到现在媒体点击和公众使用频率极高的热点词语，从专业术语到大众话语，从官方文件到独特的出版形态，20 多年来，作为重要的智库产品，“皮书”的概念不断延展，种类不断丰富，功能不断完善，作用不断显现。

一　皮书的缘分，从读者、作者、编者、评者四个角度开始

辽宁社会科学院是全国最早编撰蓝皮书的地方社会科学院之一，自 1994 年开始组织科研人员编撰“辽宁蓝皮书”，1995 年出版第一部蓝皮书，历经 26 年时间，出版了 25 部皮书作品。其间，辽宁社会科学院还承办了包括首届在内的两次全国皮书年会。最近十几年，辽宁社会科学院还与吉林省社会科学院、黑龙江省社会科学院、内蒙古社会科学院一起，组织了“东北蓝皮书”的编辑出版工作。

26 年来，笔者一直和皮书有着千丝万缕的联系。除了中间几年因为在行政岗位外，一直都站在皮书工作的一线，有的是作

为主要作者，参与“辽宁蓝皮书”一些篇目和报告的撰写；有的是作为副主编，协助主编完成皮书研创任务。最近十来年，自己是作为分管领导，每年作为“辽宁蓝皮书”的主编和“东北蓝皮书”的主编之一，直接站在了皮书研创的一线。作为副主编，参与每年皮书主题与框架的设计；作为主编，每年在院内召集皮书作者开会，为大家讲解年度的经济社会形势，讲解中央和省委的大政方针，讲解年度皮书的内容设想；作为分管领导，每年和东北三省一区的编者、作者召开选题会、开题会、统稿会、出版新闻发布会。笔者清楚地记得，辽宁蓝皮书研创的开创者赵子祥、曹晓峰、张卓民等老同志在退休时，曾经语重心长地讲：辽宁蓝皮书在全国搞得较早，也有一定声望，一定要坚守这份荣誉、这份责任，把辽宁的皮书事业坚持下去！“皮书之父”、社会科学文献出版社原社长谢寿光多次对笔者本人和辽宁蓝皮书工作给予直接的指导、直接的关心。老皮书人的教诲和指导，给予笔者巨大的鼓励。所以这些年，尽管皮书研创遇到了不少问题和困难，但笔者和辽宁社会科学院的皮友们互相激励，面对困难咬着牙坚持下来了。辽宁的皮书事业正在沿着良性的轨道发展，多次获得全国评比的皮书综合奖和研究报告专项奖。

26 年的精心打造、精工制作、精心耕耘，“辽宁蓝皮书”“东北蓝皮书”已经成为有效的资政平台，成为有关地区和部门了解辽宁省情和东北区情的重要窗口，成为企业界朋友投资决策和经营管理的重要参谋，成为社会科学工作者为党政决策咨询服务、为地方经济社会发展服务的重要载体。同时，对学科建设、队伍建设有重大影响。一是出成果。皮书聚焦地方经济社会发展中的热点、难点，大力开展调查研究，用数据说话，以分析预测见长，每年发布年度报告而且形成若干专题报告，形成了一系列成果。二是带队伍。通过皮书平台把科研人员组织起来，在研创过程中形成较为稳定的决策咨询团队，为整个队伍建设创造合力；皮书人的聪明才智得以发挥，很多有前瞻性、战略性、针对性的观点建议被采纳应用。三是强学科。皮书研创的过程也是学科建设的过程，学科建设的重点就是立足区情和省情，立足地方实际，把基础研究和应用研究结合起来，形成新的科研增长点。特别是为社会科学院学科体系、学术观点和研究方法创新开辟了一条路径，优化科研组织形式。四是促转型。皮书研创使社会科学院的发展由纯粹科研型院所向新型智库转变。皮书研创出版与新型智库建设的目标、路径和机制高度契合，皮书研创水平日益成为新型智库建设的评价指标之一，皮书成为打造中国特色新型智库的重要抓手和智库成果发布的重要平台。通过皮书的出版发行，可以形成“四个效应”：思想上的启迪效应、理论上的指导效应、决策上的咨询效应和工作上的推动效应，推进决策形成一整套自己的话语体系、一个研究平台。

当然，还有一个身份，就是作为读者，笔者特别爱读皮书。因为工作关系，接触社会科学文献出版社的皮书较多，具有很强烈的皮书“情结”——平时收集皮书，能收集到的都收集。因为做这项工作，近水楼台，所以能要来则要来，实在不行就去购买。有时候逛书店，特别是到北京去西单图书大厦，都会采购得多到拿不动。实际笔者是作为读者兼作者来收集皮书的。为此经常受家人批评，书太多，把家里弄得乱糟糟的，而且有些书根本就没看。笔者是这样想的，某本书可能没看，但皮书原创性极强，资料性也很强，搞研究的学者说不准什么时候用得上。皮书作为年度连续性出版物，与一般性图书不同。对于笔者这样的学者来说，收藏皮书，实际是为后续的科研打基础。这种资料收集和处理的能力是科研工作者的基本功。

近年来，笔者多次受邀参加社会科学文献出版社的年度皮书评审工作。从一个评者的角度看皮书，又有了一个独特的感受。

二　从读者的视角看皮书，皮书要成就品牌价值，必须增强读者黏性

每一个“文化人”都是读者。其可以不“创作”什么作品，但其不可能不接触作品。皮书的读者队伍都有哪些？一是社会科学院等科研院所的专家学者，二是高校教师，三是政府部门的领导和工作人员，四是企业界人士，五是境外有关研究机构，六是机构的图书馆（主要用于收藏）。

阅读每天都在发生，谁都希望读到好作品。那么什么样的作品可以在读者阅读的时候受到青睐，可以称得上“好作品”？笔者觉得这样的作品有两种：一种是能给人启发，有教育意义的作品；另一种是有保存价值，有资料意义的作品。皮书，可以说就是这样的作品，对于学者来说，后者的意义更大。

每一个皮书读者群都相对固定，而且基本上不会有太大的变化。从出版机构来说，这就需要巩固读者的忠诚度，提高皮书的读者黏性。

一个商店的发展需要不断拓展市场，就要不断争取顾客并维持与顾客的良好关系。而能够争取并维持与顾客的良好关系，关键是在不断提高顾客满意度的基础上提高顾客黏性。所谓顾客黏

性，指的是客户通过对某种产品的良性体验而形成的依赖感，进而形成的对产品的忠诚、信任，以及再消费的高期望值。商家努力的方向，就是提高顾客的黏性。

在图书出版界，将市场营销的概念引进来，就是要提高作品的读者黏性。忠诚的读者群是图书出版机构最为宝贵的资源，读者黏性是出版机构着力培育、维系与发展的重点。读者黏性是读者对某种图书或图书品牌因为阅读体验产生舒适、热爱、信赖的心理倾向。因为有这样的心理倾向，所以对这种图书或图书品牌忠诚度高，在态度上维护这种图书或图书品牌的荣誉，褒奖这种图书或图书品牌的价值；在行为上愿意再度购买这种图书，并将这种图书或图书品牌推荐给其他读者甚至对其他图书在选择上产生排他性。

怎样提高皮书的读者黏性？首先皮书得是好皮书，皮书的内容质量高。皮书内容质量的高低是读者能否保持持续黏性的关键因素。皮书的内容质量主要体现在皮书内容的全面性、原创性，观点的权威性、影响力，以及出版的时效性和连续性上。

图书出版发行，只是皮书为读者服务的开始。现在皮书出版后，各个课题组都进行媒体宣传、信息发布等，这其实是为读者服务的一部分。社会科学文献出版社在这方面有积极的探索。观察皮书数据库的使用情况可以发现，截至 2019 年 10 月，其收录的皮书数量已经达到 10209 部，收录皮书报告数量达 19.1 万篇，收录图表共 55.5 万张。从用户数据看，使用皮书数据库的专业机构（含各类智库机构）近 1400 家、个人用户 10 万余人、总浏览数已达 1400 万余次。要创新宣传和营销的方式，通过建立特定的平台或系统，定期开展高效的线上线下读者体验活动，实现和读者的良性沟通与互动；继续向读者提供普遍化服务和个性化的服务，继续回答读者的疑惑，解决读者的各种问题，让读者感受到售后服务的温暖，感受图书价值的增值；通过深入调研对读者进行适当分类，按照读者类别和特征，进行精细化服务，增强读者黏性。

读者黏性是衡量读者忠诚度的重要指标，它对于整个出版机构的品牌形象起着关键的作用。培养读者对皮书的黏性，让读者对皮书产生依赖感，并且这种依赖感能够持续下去，能够不断使用它，并将皮书推荐给其他读者，使皮书的用户群加大。例如，一些商家对商品的促销活动，在让用户获得优惠的同时，提高回头率。这点值得出版机构借鉴。

三　从作者的视角看皮书，皮书要成就品牌价值，必须提高创作站位

皮书的作者队伍十分庞大。根据社会科学文献出版社的统计，截至2018年，从事皮书研创的作者数量已经有11000多人。

作为皮书的作者，首先要明确我们创作的作品的特性。皮书种类繁多，皮书报告浩如烟海。根据社会科学文献出版社的统计，截至2020年6月，皮书已累计出版900多种，合计3700部，总字数达到13.6亿字。根据皮书报告的研究功能及方法，可将皮书报告划分为三种类型：一是分析预测型，以现状分析、未来预测为必备方法，以历史回顾、对策建议为可选方法，其主要功能就是对当年度的状况进行分析，并对未来的趋势进行预测，甚至更进一步提出一些政策性的建议；二是评估评价型，以

城市竞争力、省域竞争力等为评价指标，以研究方法、研究过程、研究结论、对策建议为必备方法，这一类报告的重点是强调研究方法、研究过程、指标指数设计以及数据来源，其最终要形成指数报告和评价榜单；三是发展报告型，以过程与现状分析、对策建议为必备方法，其更多地考虑某个行业或某个领域，以年度为单元对发展过程的现状和问题进行分析与描述。社会科学文献出版社蔡继辉副总编辑曾经提出皮书报告与学术论文有变量、前提条件和研究假设、问题导向、可检验性、创新性、结构差异、数据时效性、学科划分与研究人员的数量九个方面主要区别。

作为皮书作者，必须提高创作站位，时刻站在皮书对社会的智力影响角度来塑造皮书品牌。皮书现在已经成为最具影响力的智库成果传播和发布工具，体现着学术交流价值；皮书是决策咨询的必备参考读物，体现着决策咨询价值；皮书是引领社会思潮、社会舆论的有效工具，皮书发布往往成为舆论关注的焦点并对公众意见产生重大影响，体现着社会导向价值；皮书数据库是挖掘学术信息的重要平台，是为政府和企业提供决策参考的重要载体，体现着数据赋能价值。皮书是当代中国与世界研究的重要学术文献，在全球化大背景下，皮书涉猎的国际问题越来越多，成为世界了解当代中国发展的权威窗口，成为中国了解世界的可信路径。皮书有利于传播中国声音、讲好中国故事、树立中国形象，体现着国际传播价值。皮书已经成为向国内外展示中国特色、中国风格、中国气派的重要社会科学研究成果，成为各级党委、政府决策的重要参考，成为当前新型智库建设的代表性产品。

作为皮书作者，要提高创作站位，必须树立四个意识。

第一，皮书作者要强化时代意识，勇于回答时代课题，拿出新时代的新成果。理论的生命力在于创新，皮书研创要与时代同步伐，积极回应时代的问题。这是一个火热的时代，这是一个需要思想而且一定能够产生思想的时代，这是一个需要智库机构大展宏图的时代。皮书人要按照习总书记的要求，自觉投身改革发展的伟大实践，勇于承担记录新时代、书写新时代、讴歌新时代的使命，勇于回答时代课题，从当代中国的伟大创造中发现皮书研创的主题、捕捉创作的灵感，深刻反映这个时代的历史巨变，描绘这个时代的精神图谱，为时代画像、为时代立传、为时代明德，为增强中国软实力，树立好中国形象、宣讲好中国故事、传播好中国声音做出皮书人的贡献。

第二，皮书作者要强化群众意识，坚持以人民为中心，“把学问写进群众心坎里”。皮书要明确为谁创作、为谁立言。人民是学术研究的源头活水，只有扎根人民，学术研究才能获得取之不尽、用之不竭的源泉。一切有价值、有意义的智库成果都是反映现实、观照现实的。皮书研创要关注人民群众普遍关心的热点问题，聚焦社会热点问题来确定皮书的选题，从现实生活中挖掘研创素材。皮书研创，既要有思想的厚度，又要有情感的温度。

第三，皮书作者要强化大局意识，为党和政府决策科学化、民主化建言献策。皮书研创只有契合了国家的重大经济社会发展现实问题，才能有的放矢，才能有更大作为。强烈的大局意识是皮书人应当具有的素质。紧紧围绕党和国家的大局，围绕地方党委、政府中心工作开展皮书研创，是发挥皮书作用的出发点和落脚点。要围绕大局出题目，贴近现实做文章，做好皮书选题的组织工作，加强宏观思考和顶层设计；整合研创资源，发挥优势，突出重点，联合攻关，推出具有重要社会影响和学术价值的皮书成果，积极为党委和政府决策提供咨询服务，以科学咨询支撑科学决策，以科学决策引领科学发展。

第四，皮书作者要强化实践意识，深入实际调查研究。皮书要为读者提供最及时、最准确的资讯信息。作者在创作皮书时，最难的是找到应时的资料；编者在编辑皮书时，常常感觉报告中的数据和资料与皮书主题“不搭界”，使用起来犹如“隔靴挠痒”；评者在评审皮书时，总是感觉皮书采用的资料时效性不强；读者在使用皮书时，有时也会觉得数据陈旧，使用率不高、参考价值不大。皮书要保持学术的严谨性，保证内容的原创性，弘扬“权威、前沿、原创”的风格。仅从保证皮书资料的时效性的角度，调查研究对于皮书研创也是必要的。更为重要的是，要“把论文写到大地上”。深入开展“走基层、转作风、改文风”活动，了解百姓生活状况、把握群众思想脉搏。悉心倾听民意、集中民智，坚持问需于民、问计于民，仅仅是“走马观花、蜻蜓点水”式的调研，不能完整准确地找到“第一手”材料。皮书研创可以围绕政策与实际的盲点问题，开展“政策型”调研，多方面收集情况，在皮书中提供合理化建议，补充完善相关配套政策；围绕社情民意的热点问题，开展“民意型”调研，及时掌握群众呼声、百姓意愿，使皮书能够广纳民言，集中民智，反映民意；围绕党委和政府关心的重点问题，开展“参谋型”调研，做好皮书研创与中心工作的对接，提高皮书成果与党委、政府中心工作的“贴近度”；围绕改革与发展的重点问题，开展

“经验型”调研，对在调研中发现的典型，及时总结经验，把皮书成果转化为社会实践成果。

四　从编者的视角看皮书，皮书要成就品牌价值，必须实现价值整合

经过多年的探索，皮书在体例格式上，已经形成了独特的模式。皮书不同于学术著作，更不同于论文集、研究报告选编。皮书不是把不同的文章或研究报告汇集起来，而是全书要有一条红线贯穿始终，其内容应该准确，要有“价值链”完整连接，不同的报告有内在的逻辑性，格式上有一定的条理性，年度要保持连续性。当然，皮书也不同于学术著作，学术著作要求上下章节连贯，一环套一环，不能有丝毫差别和割裂。皮书各个篇章有相对的独立性，总报告独立于分报告，总报告不是把各个分报告的内容抽取出来汇总成篇，它们之间还是有一定区别。

作为编者，特别是课题组组长和皮书主编，要进一步提升对皮书功能、价值的认识，明确皮书的定位。在研创之初，每个课题组对皮书就要做好“顶层设计”、统筹策划、谋篇布局，开始确定全书框架时就要考虑周全。一是要为全书确定好主题，明确中心思想和总体要求，把握中央的大政方针、工作重点、政策导向；地方类皮书还要把握地区党委和政府的中心工作，对上情做到心中有数。二是要定下一个基调，把握全书的“魂”，用这个“魂”统领全书，用这个“魂”作为一条红线牵引全书。三要对全书有一个整体布局的策划，对总报告写什么，分报告写什么，专题报告写什么，要做好部署，保证皮书编撰的结构完整性。四

是主编关键在“编”，不是把作者提交上来的文章和报告组合起来就成书了，而是根据事前的部署和框架，在整体中心思想指导之下，形成皮书的框架，凝练全书的内容，用“价值链”引领，用“创新链”整合。

作为出版机构，要以高质量发展为导向，继续促进机制调整，采用末位淘汰制等办法，保持皮书整体质量的提高，也要进行结构调整，把握皮书的品种总量，严格控制研究主题重复、创新性不够、连续性不强的皮书发展，而对于相对空缺的热门领域，加大支持力度。

五　从评者的视角看皮书，皮书要成就品牌价值，必须完善评价指标体系

近年来，在参加社会科学文献出版社组织的年度皮书评审工作当中，从一个评者的角度看皮书，笔者认为，皮书评价很重要，要保持皮书评审的长期性、持续性，形成更为全面、更为科学、更有操作性的评价指标体系。

皮书读者满意度是形成读者黏性的基础。近些年，皮书研究院等皮书研究机构，对皮书质量、读者评价、读者忠诚度等做过很多调查。从读者对皮书内容的评价来看，大多数读者认为皮书整体质量较高，这为读者忠诚度的形成奠定了基础。当然也有部分读者认为部分皮书质量一般，这说明还有一部分皮书的内容和质量并未得到读者的认可，这些皮书在读者中不被接受，实际上就是品牌上不叫好，市场上不叫座。“市场不相信眼泪”。一个专业、一个学科的读者可能只关注相关领域的皮书，如果这类皮书做得不好，其就可能认为皮书整体质量都是这样，不仅其本人

失去对皮书的黏性，其还会影响同行业的读者对皮书群体的整体评价。读者不能糊弄，作品质量不能迁就。如果读者不满意，说明从读者角度来看，皮书的内容质量还需要提高。实在不能提高的，就应该适当淘汰出局。出版社和皮书研究机构，一定要擦亮眼睛，用最好的评价手段、评价方法做好皮书评价，保证皮书质量，不能让“南郭先生”在皮书群体里“滥竽充数”，更不允许出现“害群之马”。

当然，对于不同地区、不同行业、不同学科、不同作者群，出版社要通过评审的路径给予一定的引导，保持皮书分布更为广泛、更为均衡，使皮书在全国各个地区都有分布，各地区都能够形成一支皮书作者队伍，都能够形成年度持续研创报告。同时，一些热门行业也不能过度集中资源、集中研究、集中出版，使本来小众的题材过度使用力量进行细分研究，变成虚幻的“大众化”，甚至有过度“炒冷饭”之嫌。近年来，本人在评审过程中会发现某些领域皮书题材过度集中、皮书内容相似性过强这样的问题。因为这类行业有大的机构支持，资本支撑力量较强，出版社和皮书研究机构应注意把握这种趋势。

新时期文化蓝皮书的新发展、新思路*

张晓明**

摘　要：《文化蓝皮书：中国文化产业发展报告》（以下简称“文化蓝皮书”）是中国社会科学院中国文化研究中心20年历史的结晶。本文总结了“文化蓝皮书”的发展过程和基本经验，探讨了“文化蓝皮书”的基本功能，分析了新时期“文化蓝皮书”编制面临的挑战，概括了“文化蓝皮书”的理想模式，提出了新时期“文化蓝皮书”的发展战略。

关键词：文化蓝皮书　研创团队　数据库

中国社会科学院中国文化研究中心（以下简称“中心”）成立于2000年10月14日，由时任政治局委员、中国社会科学院

---

* 本文根据作者在第二十一次全国皮书年会（2020）平行论坛上的发言录音整理而成，已经本人审阅。

** 张晓明，中国社会科学院中国文化研究中心副主任，《中国文化发展研究报告》主编。

院长李铁映倡议成立。中心成立的时间正好是十五届五中全会闭幕的第二天，中央在这次会上提出了“推动有关文化产业发展”的国家政策。李铁映院长在中心成立会上指出中国社会科学院皮书系列里缺少文化类蓝皮书，提出中心要做一本“文化蓝皮书”。就这样，编制“文化蓝皮书”成为中心成立后的一项基本工作任务。到今天，“文化蓝皮书”已经走过了20年的发展历程。

一　文化蓝皮书的发展过程和基本经验

回顾20年的发展过程，大致可以分为三个阶段：第一阶段是2000～2012年，“文化蓝皮书”的创建和基本成形；第二阶段是2012～2016年，“文化蓝皮书”发展的高峰期到中断；第三阶段是2018年至今，“文化蓝皮书”的复兴。

（一）第一阶段：2000～2012年，从第一本“文化蓝皮书”的创建到多个品种基本成形

在2000年10月14日中心成立会上，李铁映院长提出了编制“文化蓝皮书”的要求，10月底在北京召开“大城市文化产业研讨会”，这是十五届五中全会提出推动有关文化产业发展政策后的第一次全国性会议。在会上，时任文化部文化产业司副司长的金一伟召集开了一个小会，也提出编制文化蓝皮书的设想，并且特别提出希望中国社会科学院中国文化研究中心来牵头做这件事，笔者当时就应承下来了。会上确定了由中心牵头，上海交通大学国家文化产业基地参加，文化部文化产业司支持，组成

“文化蓝皮书”的合作架构，推动编制“文化蓝皮书”工作。

经讨论，第一本“文化蓝皮书”定名为《文化蓝皮书：中国文化产业发展报告》，经过2001年一年的工作，从筹建编委会到召开撰稿人约稿会议，最后到统稿出版，书正式出版已经是2002年2月了。因此，第一本“文化蓝皮书”全称是《文化蓝皮书：2001～2002年中国文化产业发展报告》。

从2002年第一本文化蓝皮书出版到2012年，文化蓝皮书可以说“基本成形”。所谓“基本成形”是指文化蓝皮书形成了稳定而高质量的内容结构，产生了品牌化的影响，并且从单一品种走向了多品种集群，形成了《文化蓝皮书：中国文化产业发展报告》《文化蓝皮书：中国公共文化服务发展报告》《文化蓝皮书：国际文化产业发展报告》《文化蓝皮书：中国少数民族文化发展报告》等多个系列。

（二）第二阶段：2012～2016年，文化蓝皮书研创团队启动“文化产业重大课题研究计划”，开始在全国文化类智库研究领域发挥引领作用

从2001年第一本启动编制到2011年，中心的文化蓝皮书团队一直连续研创出版《文化蓝皮书：中国文化产业发展报告》，不曾中断。但是由于文化蓝皮书过度依赖于外部约稿，而外部稿源不稳定，因此除了总报告是我们自己撰写且保证了水准不降外，大部分稿件水平逐步下降，影响了文化蓝皮书的总体质量。其中主要原因有两个：一是经费不足。按照中国社会科学院的规定，每个单位只资助一本蓝皮书，开始是每年3万元，后来增加到每年5万元，资助经费只够用于约稿和统稿的劳务开支，没有

任何课题费。如果皮书的承担机构是一个研究所，这个问题还不明显，因为可以用全部科研人员的科研成果来支撑蓝皮书的研创，但是中心不是实体，仅靠蓝皮书的院拨付经费完全不可能培养出研究团队。二是重要稿源流失。随着文化产业发展大潮兴起，《文化蓝皮书：中国文化产业发展报告》的一些重要的行业报告撰稿人开始主持编撰自己行业的文化蓝皮书，越来越多“文化蓝皮书”的重要撰稿人不再将本行业的年度报告首次发表在“文化蓝皮书”中。到后来，社会科学文献出版社的领导甚至说，“文化蓝皮书”有 70% 以上的销量是押在“总报告”上了，这是不可持续的。

2012 年，中宣部改革办和财政部中央文资办的领导了解到这个情况，主动提出要出资支持《文化蓝皮书：中国文化产业发展报告》的研创和出版。经商议决定，在“国家文化产业专项资金”中设立一笔重大专项——“文化产业重大课题研究计划”，由中心领衔，以国家社科基金的方式，在全国进行招投标，找最好的专家来研究文化产业发展的问题。这个研究专项总共拨付了 1200 万元，支持了数十个课题的研究，除了用在“文化蓝皮书”以外，还出版了 20 多本专著。文化蓝皮书也因此一直出版到了 2016 年。

（三）第三阶段：2018 年至今

2014 年，笔者退出主持中心日常工作的岗位，两年后（2016 年）第十三本“文化蓝皮书”出版，然后“文化蓝皮书”的编撰工作就陷入了停顿，直到院领导指示重新组建中心领导班子，并于 2018 年宣布重启“文化蓝皮书”的研创工作。经过一番艰苦工作，第十四本“文化蓝皮书”于2020年出版，由此文化蓝皮书开始了“第二个20年”的发展。

20年研创“文化蓝皮书”的基本经验有三点。

第一，要组建一个资源配置完整的编委会。所谓“资源配置完整的编委会”，是指要将利益相关方都邀请到编委会里来，这样才能有效调动资源，组织高质量的稿件，发挥蓝皮书的作用。当时为了编“文化蓝皮书”，花了4个月的时间，动用了院办公厅向所有的跟文化产业相关部委发出公函，要求部委主管领导参加“文化蓝皮书”编委会并做副主任，并指定职能司局主管领导为蓝皮书提供稿件。当时文化部、广电总局、新闻出版总署、中宣部、国家统计局，以及国家发改委等中央部委领导都参加了文化蓝皮书编委会。之所以这样做，是源于这样一个看法：当时文化产业还没有统计指标体系，更没有每年发布数据，这些数据都在文化产业主管部门手里，因此必须邀请主管部门的领导进入蓝皮书编委会并由他们提供稿件，否则没有数据就不称其为蓝皮书了。

第二，要有一支专业背景整齐权威的撰稿人队伍。由于中心是出第一本“文化蓝皮书”的机构，所以约稿比较容易，无论是出版方面、影视方面、传媒方面，还是广电方面，都可以找这个领域最权威的专家去写。如果不清楚谁是专家，由于组建了资源配置完整的编委会，中心就可以请部委主管的专门的司局领导去写。也可以向文化产业领域的专家和相关领导都约稿，使其从不同的角度写，进而分在不同的栏目。这样的话，可以说中心的撰稿人队伍在全国文化产业领域里应该是穷尽了第一梯队的人，这个撰稿人队伍写出来的东西在行业里的影响力也是毋庸置疑的。

第三，要有一个合作紧密而且思路比较清晰的、有思想的总课题组。当时中心的总课题组的合作机制是精心设计的，核心成员是我们中心的几位成员，但是每年在启动蓝皮书的时候，都要邀请参加蓝皮书工作的主要部委的司局领导开会讨论，听一听大家的意见，当年的主题到底应该是什么。然后由中心执笔写完了之后把稿子给部委的司局领导看，让他们提出修改意见，以确定稿子是否能够反映他们的想法，是否存在跟中央的口径不一致之处。后来中心为这个工作机制起了个名字，叫“对表”，之后每年的总报告最后都有个“对表”的程序。总报告的分析框架也是经过多次讨论，因为总报告应该是要高于所有的分报告，所以它必须有明确的定位，必须有自己的分析逻辑，否则总报告就成了分报告结论的堆积，那就起不到总报告的作用。

这三条都涉及内容，是基本经验，如果没有这些经验，文化蓝皮书是肯定无法达到当时那种影响力的。

但是，20 年来将文化蓝皮书做到那个程度不是无条件的，除了中心核心成员在文化蓝皮书这件事上尽心竭力之外，还有中国社会科学院中国文化研究中心这个位势，以及 2000 年国家启动文化产业发展的大形势。

二　文化蓝皮书的功能

文化蓝皮书的功能，可以用四句话对其进行概括，即解读政策、评估发展、预测趋势、提出建议。

第一，解读政策。文化蓝皮书请了很多主管部门领导写稿，目的就是解读政策。2000 年中央提出发展文化产业，之后又紧接着开始文化体制改革，相关文件出台既密集又多样。政策文件篇幅都很短，文件中很多重要的思想只是一句话，只有这些起草文件的职能部门的人，才能够把其背后的考虑因素说清楚。所以，文化蓝皮书设计了专门栏目，请相关部门领导写稿解读政策。

第二，评估发展。中国社会科学院做皮书是基于其独特的第三方位置，这是一个非常重要的问题，因为文化产业覆盖很多行业，必须由第三方机构进行评估。文化蓝皮书启动时，在2000年10月底北京八大处的虎峰山庄召开的“大城市文化产业研讨会”上，笔者与当时主持工作的文化部文化产业司金一伟副司长讨论过这个问题。他说，文化产业司成立两年了，一直想做一本蓝皮书，对这个行业起推动作用，但是做不了，因为文化产业各个行业分布在各个文化主管部门。文化部只管演艺，演艺在文化产业中占比最小，主要部分在出版和广电。文化部、新闻出版总署和广电总局与文化产业发展直接相关。因此，只有中国社会科学院是相对中立的，是没有部门利益冲突的，可以面向所有的部委，可以评估发展的第三方机构。相对而言，部委都有自己的部门利益，自己做的事自己评估是不对的，不能既当裁判又下场踢球。

第三，预测趋势。从当前的政策看未来发展，预测可能发生的变化，也是蓝皮书的一项主要内容。20年来，中国文化产业一直处在“转型发展”的“双重变奏”之中，体制改革的释放作用、产业政策的推动作用，以及开放市场的内生动力都在对发展起作用。文化产业的发展形势千变万化，往往令人眼花缭乱，文化蓝皮书在这种复杂的发展形势中的确具有预测趋势和指引发展方向的作用。

第四，提出建议。文化蓝皮书是“智库类产品”，提出政策建议是其基本功能之一。一般来说，有了政策解读、现状评估和趋势预测，就可以提出比较站得住脚的政策建议。应该提到的是，文化蓝皮书总报告的政策建议每年还作为中国社会科学院“要报”专门报送中央，引起国家领导人的高度重视。

三　新时期文化蓝皮书面临的挑战

文化蓝皮书正在进入“第二个 20 年”，新时期的文化蓝皮书研创将面临新的挑战。

第一，从唯一到之一。文化蓝皮书面临其他行业报告的竞争。原来只有一个文化蓝皮书，平台也比较高，所以约稿比较容易，大家愿意给你写稿子。经过 20 年的发展，面向全国的文化蓝皮书已经不止一家，各个文化行业的皮书也都出来了，只要是跟文化有关的肯定要出文化蓝皮书，可能出的还不止一个，有的行业甚至出好几个。比如，新闻出版总署研创的“报业蓝皮书”，清华大学研创“传媒蓝皮书”。正如前面所说，文化蓝皮书的撰稿人都是行业中的佼佼者，他们肯定不会把自己主持的行业报告放在文化蓝皮中首发。这样，文化蓝皮书中一流的、权威的撰稿人就流失了。针对这个情况，中心把力量花在总报告上，让总报告每年继续产生影响，但是各个行业分报告的质量和影响力就保证不了了。事实证明，如果中心不能培养一支自己的研究力量，那是非常难以保证“文化蓝皮书”整体质量不下降。

第二，从分业到混业。近 10 年来，中国的文化产业发展变化很大，数字化的结构变迁已经基本完成，融合式发展成为最根本的产业现象，“下一个 20 年”我国文化产业将会呈现完全不同的面貌。国家统计局 2012 年和 2018 年分别对文化统计指标体系进行了修订，但是依然赶不上产业变化的速度。数字经济的发展使各个行业之间的界限越来越不清楚，甚至文化产业和其他相关产业、传统产业或者经济相关部门的界限也越来越不清楚了。在这种情况下，如果仍然以行业的方式来做年度性报告，可能会越做越脱离行业的发展趋势，更不用说预测趋势了。近 10 年来，文化产业的数据来源越来越不确定，每次统计局变更指标，都会往前改一两年，往后再推迟一段时间发布年鉴，这令课题组每一次写蓝皮书的时候都要等统计局数据发布。经济普查时间应该比较确定，但是第四次经济普查结果本来 2019 年年中就应该公布，结果直到 12 月才突然公布，弄得课题组措手不及。总之，行业变化导致的统计数据难以准时获得和年鉴不能准时发布几乎成为常态，这对蓝皮书研创造成很大挑战。文化蓝皮书如果没有数据支撑就成了论文集，但是仅依靠国家统计局的数据已经无法保证正常研创出版。

第三，从产业到市场。中国文化产业的“第一个 10 年”是文化产业迅猛发展；“第二个 10 年”，也就是从十八届三中全会或者从十七届六中全会之后，是从产业回归市场的过程。在十八届三中全会文件里，用“建立健全现代文化市场体系”取代“推动有关文化产业发展”，这个提法变成文化政策的第一主题词。从文化产业回归文化市场是一个非常大的变化，“下一个 20 年”的发展趋势必定与此有关。从研创蓝皮书角度说，回归市场以后，行业不清晰了，产业政策的效应衰减了，原来对蓝皮书比较关注或者比较积极参与的政策机构的积极性可能会下降。也就是说，原来的蓝皮书委托人消失了或者被取代了。回归市场以后，主体是企业，可是皮书习惯了给政府写，习惯了用政府的语言，这个东西企业看不懂怎么办？因此，怎么能够真正把蓝皮书的服务对象从政府变为企业，把委托人从政府变更为企业，就是非常大的问题。这个问题到现在为止并没有完全解决，回归市场以后，蓝皮书到底应该怎么定位，包括语言方式、逻辑、很多专题的安排，这都是需要考虑的问题。

四　新时期新思路：文化蓝皮书的理想模式

现在文化蓝皮书已经很多了，仅是社会科学文献出版社的皮书方阵里，文化传媒类皮书就已经有 40 多本了。但总体来说是质量参差不齐的，有些比较好的连续在做，也有的确实做得像论文集一样，做完了第一本就做不出第二本。文化蓝皮书和论文集的区别要清楚，如果就请专家来写一些东西，凑起来一本书，没有持续的数据，不能形成数据链，就是论文集，做论文集有什么意思？

如何解决这个问题？要解决这个问题还是要回到最根本的问题上，即文化蓝皮书的功能究竟是什么，理想模式到底是什么。笔者认为还是应该回到 2000 年 10 月底在虎峰山庄跟文化部文化产业司开会时提到的问题和解决问题的思路，蓝皮书只有中国社会科学院出版，才可以对文化产业整体发展做客观评估。因为只有中国社会科学院是第三方平台，没有部门利益和行业立场，所谓第三方平台，就是指既是非市场的，也是非政府的，是独立于政府和市场的专业平台。政府要出台政策和实施管理，其与自己的管理对象之间，会形成管理关系，所以对管理的结果不能自己做评估。市场就更是如此了，任何出于利益动机的市场化主体对自己的肯定性评价都是广告而已。所以，第三方评估是现代社会治理体系的一个基本组成部分。

蓝皮书本质上讲是中国社会科学院这个第三方评估平台的基本工具，一个理想的蓝皮书模式就是要形成“蓝皮书闭环”。所谓“蓝皮书闭环”应该是这样的：有一个委托方，如政府，还要有服务方或者评估方，评估方就是政府的管理对象、政府政策的实施对象、你要对政府的政策做出解读、对政府的管理对象、对政策落实的效果进行评估。蓝皮书每年发布了之后，政府听到蓝皮书的意见之后，可能会修改政策，可能会修改实施方法，然后再进一步推动实施，产生效果。这样就形成了蓝皮书闭环模式。以前蓝皮书的研创出版在某种程度上也是闭环，如文化蓝皮书。对文化蓝皮书最有兴趣的是宣传部门，宣传部门是文化产业政策出台和协调实施的总机构，在中央是中宣部，实施者或者施予对象就是各地的宣传部门。文化蓝皮书就是整合所有政府和民间专家对文化产业政策的解读，各地宣传部门看了蓝皮书后，就对中央的政策有了理解，就去落实地方的文化产业的具体政策。而他们中好的做法也会总结和反馈到文化蓝皮书中，并得到宣传和推广。但这个模式并不是完全闭环，因为只有蓝皮书的内容是权威发布，且对策建议具有一定的可操性，并对行业领域发展具有实际指导意义。不然也不会受到关注。文化蓝皮书最有影响的阶段是文化体制改革时期。2003 年改革试点开始，2007 ~ 2008 年试点基本结束，面上推开，在十八大之前，文化体制改革基本结束。在那段时间里文化蓝皮书的影响最大，因为中心直接参与了文化体制改革的过程，不仅非常了解中央在文化体制改革方面都有些什么想法，而且还邀请最重要的人为蓝皮书撰稿，这就使地方宣传部门看了蓝皮书之后，会对他们的具体工作有作用。

如果要重启文化蓝皮书，就要在新的形势下，想一想文化蓝皮书的客户是谁，文化蓝皮书评估的对象是谁，文化蓝皮书的功能是什么，把闭环想清楚了，这个理想模式有了，事情就好办了。

五　新时期文化蓝皮书的发展战略

面向“下一个 20 年”，必须有一个“文化蓝皮书可持续发展战略”，才能让文化蓝皮书的研创最终走上健康的发展道路。笔者认为一个可持续的蓝皮书发展必须有 3 个条件，即湿件、软件、硬件。

所谓“湿件”是指人的大脑，即文化蓝皮书要有成熟过硬的核心团队。回想起来，文化蓝皮书“第一个 20 年”发展的基础就是“湿件”，也就是说，中心拥有一个由顶级专家组成的合作无间、思想互补、不计得失的团队和网络，研创团队有比较深厚多元的学科专业积累，研创团队了解国家改革发展几十年的进程，且始终站在文化产业发展的最前沿，始终在参与国家文化政策的研究和制定。事实证明，这样一支团队和一个合作网络是做好一本文化蓝皮书的基础。

所谓“软件”是指头脑中存在的文化产业研究的成熟思想方法和研究模式，将它们外化，变为“软件”系统，使之实现为可以通过计算机执行的任务。这样做的意义在于易于培养“梯队”，使蓝皮书的研创不过分依赖研究团队的稳定性（所谓“湿件”）。这里分为两个步骤：一是将蓝皮书分析模型理论化，二是将其软件化。回想起来，“第一个 20 年”这项工作还没有起步。蓝皮书核心团队的主要成员都有各自的学术成果，但是并没有围绕文化蓝皮书的报告撰写总结出具有理论意义的工具和方法，更没有根据这些工具和方法构建出支撑蓝皮书分析模型的指标体系。

所谓“硬件”是指根据蓝皮书分析模型的指标体系建立起来的数据库。“第一个 20 年”文化蓝皮书的分析基本上依据国家统计局的数据，有很多不确定性。特别是近 10 年来文化产业数字化变化剧烈，出现结构大转变，导致行业变化过快，国家文化产业统计指标体系调整滞后于产业变迁，产业漏统严重（根据国发中心估计，大约漏统三分之一）。因此，必须建立起以“文化蓝皮书指数”为核心，服务于文化蓝皮书长远发展，中国社会科学院版的文化产业第三方数据平台，这才是文化蓝皮书永续发展的根本基础。

具备了以上湿件、软件、硬件三个条件，文化蓝皮书的发展战略就基本上完备了。或者说，可以在一定程度上不再受到稿源不稳、团队能力不足等种种困扰，从而保持文化蓝皮书总体水平不变。

进入新发展阶段，中心做了一个新的蓝皮书发展规划，总体上叫作“1 + X”，也就是由《文化蓝皮书：中国文化产业发展报告》总牵头，下设若干系列，如“专题系列”，已经出版了《文化蓝皮书：中国区域文化产业发展报告》，还可以恢复出版《文化蓝皮书：中国国际文化产业发展报告》《文化蓝皮书：中国少数民族文化发展报告》等。如“特色产业系列”：已经出版《文化蓝皮书・特色产业系列：中国普洱茶产业发展报告》，准备出版《文化蓝皮书·特色产业系列：中国鲜花产业发展报告》《文化蓝皮书·特色产业系列：中国咖啡产业发展报告》等。

希望文化蓝皮书能充分发挥其“国家文化类智库产品”一号品牌的影响力，不仅服务于全国，而且服务于地方政府，更加接地气。此外，通过品牌化运作强化标准化，不断提高文化蓝皮书质量。如建立统一的编委会、制定统一的标准、提升准入的门槛、淘汰不合格或者水平低的文化蓝皮书，把中国社会科学院的这一智库品牌擦得更亮，让其发挥更大的影响。

依托协同创新平台 高质量打造地方立法蓝皮书*

周祖成**

摘　要： 为了解地方立法的基本情况和发展态势，分析其特点和存在的问题，为相关立法提供依据，西南政法大学地方立法研究院、重庆市地方立法研究协同创新中心组织编辑出版《地方立法蓝皮书：中国地方立法报告》，这是我国首部针对地方立法情况进行分析研判的蓝皮书。蓝皮书主要收录来自法学理论界、立法实务界的一手研究数据与研究成果。蓝皮书以高水平的编辑和研究团队为依托，突出实践导向，跟踪地方立法年度实践，聚焦地方立法热点问题，注重整体研究与个案分析相结合，在理论界和实务界都产生了较大影响。

* 本文根据作者在第二十一次全国皮书年会（2020）平行论坛上的发言录音整理而成，已经本人审阅。

** 周祖成，西南政法大学地方立法研究院教授、博士生导师，重庆市地方立法研究协同创新中心执行主任。

关键词： 地方立法蓝皮书　协同创新　高质量发展

2015 年 3 月，十二届全国人大三次会议通过关于修改《立法法》的决定，赋予所有设区的市地方立法权，规定："设区的市的人民代表大会及其常务委员会根据本市的具体情况和实际需要，在不同宪法、法律、行政法规和本省、自治区的地方性法规相抵触的前提下，可以对城乡建设与管理、环境保护、历史文化保护等方面的事项制定地方性法规"。自此，我国地方立法权全面下放到所有设区的市。地方立法扩容，对我国法治建设起到了重要推动作用。为了解地方立法的基本情况和发展态势，分析其特点和存在的问题，为相关立法提供依据，西南政法大学地方立法研究院、重庆市地方立法研究协同创新中心（重庆市 2011 协同创新平台）在学校和社会科学文献出版社的大力支持下，组织编辑出版《地方立法蓝皮书：中国地方立法报告》。

一　地方立法蓝皮书基本情况

西南政法大学地方立法研究院、重庆市地方立法研究协同创新中心早在 2012 年就开始了地方立法清理评估工作；2013 ~ 2014 年，对重庆市直辖以来的地方性法规、政府规章和相关规范性文件进行了全面清理；2015 ~ 2017 年，开始进行地方性法规的评估工作，自主研发评估指标体系，选择了 155 部地方性法规进行文本评估，完成了近 30 万字的评估报告。以该评估报告为基础，策划了地方立法蓝皮书项目，并根据社会科学文献出版社关于蓝皮书的相关要求组织稿件和相关准备工作。首部地方立法蓝皮书于 2018 年问世。《地方立法蓝皮书：中国地方立法报告》系列丛书是我国首部针对地方立法情况进行分析研判的蓝皮书，目前出版周期为每年一本，主要收录来自法学理论界、立法实务界的一手研究数据与研究成果，注重对地方立法情况与质量进行实证分析。该系列皮书由西南政法大学校长付子堂教授担纲主编，重庆市地方立法研究协同创新中心执行主任周祖成教授和副主任周尚君教授担任执行主编，目前下设“总报告”“分报告”“专题报告”“调研报告”“个案研究”等多个板块，内容涉及地方立法情况年度分析、地方立法质量评估、地方立法案例介绍、地方立法专题调研等方面。

本系列皮书出版目的在于深化总结地方立法成果，把脉地方立法存在的问题并提出相应对策，同时也为立法机关、政府部门及其他研究机构提供全面、系统、及时的地方立法信息解读。截至目前，地方立法蓝皮书已出版 3 本，地方立法蓝皮书不仅被纳入西南政法大学重点建设科研任务和核心期刊目录，《法治日报》等媒体也对其进行了深入报道，相关地方立法机构给予高度好评，并作为相关地方立法的参考。目前，2021 年的地方立法蓝皮书正在组稿，我们将继续更新数据，及时发布中国地方立法信息及指标的年度变化情况，进一步完善常态化地方立法动态监测体系。

二　地方立法蓝皮书的工作思路

皮书研创团队秉承“发挥高校优势，加强协同合作”的基本思路，经过 3 年的积极探索，目前形成了一套独特的工作方案和工作方法。

首先，组建高水平的编辑和研究团队是做好皮书研创的基础和依托。依照工作内容不同，我们组建了 3 个功能不同的团队，分别是主编组、责编组、协作组，另外还有相对固定的研究人员。主编组负责皮书主题拟定以及工作统筹安排；责编组根据确定的主题进行组稿和编辑，负责数据资料收集和分析；协作组负责校内外联络协调等工作。研究团队根据确定的主题以项目的形式协同校内外专业人员开展自主研究，保证研究质量，并同时承担稿件编辑工作。整个工作团队已经形成一套完整有效的工作流程。

其次，在指导思想上，突出实践导向，实现与实践的深度融合。蓝皮书必须接地气，为此，我们确定了实践导向原则，要求稿件以实践问题为根据，对实践具有指导价值。撰稿团队基本上有参与地方立法实践的经验，很多作者本身就是地方立法工作者，调研报告就是地方立法过程真实状况的反映，调研报告反映的问题是社会中存在的真实问题，法规实施评估也是以实践引导立法。

再次，在主题选择方面，跟踪地方立法年度实践、聚焦地方立法热点问题。主编组每年根据地方立法发展情况及特点，拟定该年度皮书各个板块主题及大致撰稿方向，并同责编组和协作组进行相应工作沟通与协调。“地方立法蓝皮书”的总报告重点追踪分析我国地方立法发展的年度状况，收集相关资料，进行分析，力图展现我国地方立法的年度重点和发展态势，并进行健康诊断，分析其健康因子和影响健康的因素，结合实例对地方立法项目与过程进行引导。

2018 年，“地方立法蓝皮书”主要聚焦地方立法文本质量，在全国不同区域遴选不同类别的法规 155 部，进行文本质量分析，总结地方立法存在的立法重复、立法抽象、缺乏特色、立法偏好四大问题，并针对问题提出七条对策，该报告得到中国法学会的高度好评。

2019 年，“地方立法蓝皮书”主要聚焦设区市的地方立法，在概述设区市地方立法情况的基础上，分析设区市地方立法的特点、经验和存在的问题，试图对设区市近几年的地方立法情况进行总体性诊断和分析评价。

2020 年，“地方立法蓝皮书”主要聚焦地方性法规结构。关注地方性法规结构是地方立法的一个重大转变，主要分析法规供给与立法需求之间的差距，据此重构法规结构并确定立法的重点领域，服务于立法计划的完善和立法规划的调整，促进立法与社会发展需求相契合。对国家机关类、财政经济类、城乡建设类、社会事务管理类、科教文卫类、资源环境类和民族自治法规等进行内在结构和外在结构的双向研究，提出各个领域法规的内部结构调整思路以及立足本领域改善总体结构的建议。

最后，在方法上，注重整体研究与个案分析相结合。蓝皮书总报告着眼于地方立法整体状况与问题分析；分报告着眼于某方面的整体态势；调研报告和个案研究则集中呈现地方立法经验、实践原貌及问题，并开展比较研究。

三　高质量打造地方立法蓝皮书的主要措施

（一）充分合理整合资源

皮书研创团队由西南政法大学实际运营，各项工作的开展尤其注意整合优势资源。一方面，高校人才资源丰富，工作团队的组建考虑到了内容与分工的不同，吸纳了教授、副教授、讲师、博士、硕士等各个层面的人才，此外立法作为一项复杂性极高的实践工作，团队整合了西南政法大学各个学科的优势力量，并利用重庆市地方立法研究协同创新中心平台，同全国各地几十家科研院所、立法机构建立了协同合作关系，这些为皮书工作的开展打下了坚实的人力资源基础。另一方面，依托强有力的人力资源基础，皮书团队在稿件资源方面也具有一定的优势，不仅团队内部保持了高效的研究报告产出，也与其他协同合作单位之间形成了良性的约稿关系，稿件质量稳步提升。同时，依托高校科研平台，皮书团队能够利用丰富且强大的各类数据库资源，包括但不限于知网、北大法宝、自建立法数据库等，为相关研究的开展提供了有力支持。

（二）依托协同合作单位地方立法项目

地方立法机构的深度参与是地方立法蓝皮书的一个重要特色，为蓝皮书提供地方立法调研报告，并对相关稿件提出修改建议。蓝皮书中收录了成都市人大常委会、广安市人大常委会、安顺市人大常委会等地方立法机构立法项目的调研报告，这是地方立法实践与过程的真实反映，确保了材料的真实性与问题的准确性。2016 年以来，我们与协同合作单位完成了很多地方立法项目，既有立法调研起草，也有专题调研研究，还有地方立法评估，这些项目为蓝皮书提供了充足的素材和稿件来源。

（三）多途径开拓高质量稿源

稿件质量是蓝皮书的生命，为了解决稿件来源和质量问题，我们采取多方面措施。一是定向约稿。我们建立了专家库，密切关注专家的研究动态，就与其研究相匹配的专题进行约稿，同时也就相关主题进行定向约稿。二是在全校范围发布招标课题。就相关问题的研究面向全校教师和博士研究生进行招标，对中标的课题提供研究经费，把一些高质量的成果纳入蓝皮书。三是召开地方立法专题研讨会。我们每年召开一次专题研讨会，组织地方立法理论研究者和实际工作者共同参与，在研讨问题的同时，也能为蓝皮书提供优质稿源。

（四）加大平台支持保障

皮书研创工作的顺利开展离不开平台的配套支持与保障。西南政法大学、重庆市地方立法研究协同创新中心，为皮书团队以及相关作者提供了较好的配套支持。经费方面，形成了科学的报酬支付标准，如对于校内作者，为其研究报告被皮书收录的相关认定以及经费支持方面提供相应帮助；协同合作单位方面，则为其提供科研或立法实务方面的技术支持。总之，在合法合规的情况下，整体上为相关工作人员及稿件作者，提供相应经费、技术、科研评价方面的支持与保障。

（五）融入人才培养方案

近年来，团队结合高校特色，探索将皮书研创工作同高校人才培养相结合。目前，结合皮书“地方立法”主题，在本科以及研究生相关课程中进行相关知识普及介绍，并在本科生及研究生毕业论文选题中，也设置了同皮书主题相关或相近的研究题目。而且，团队依托重庆市地方立法研究协同创新中心平台，进行了多次分别针对科研人员和博士研究生的课题招标活动，不仅保障了皮书高质量发展的稿件来源，也进一步激发了高校人才对于皮书研究主题的持续热情。

四　未来规划与展望

“地方立法蓝皮书”系列初创不久，在逐步探索的过程中虽然取得了一定的成绩，但也会不可避免地面对一些难题。例如，如何尝试在现有科研评价体系下，提升皮书及相关稿件的科研评价认可度，从而进一步激发研究热情；如何在现有工作模式下，进一步理顺团队同其他协作单位之间的合作关系；如何为皮书质量提升提供更好的经费支持等，这些都是我们需要进行长期探索的重点内容。可以说，这些问题如何解决将在很大程度上影响未来“地方立法蓝皮书”的稿件质量、立法决策的辅助价值，乃至科研品牌的建构。

“地方立法蓝皮书”团队根据现有资源情况，为日后皮书的发展进行展望。

第一，以主题会议等形式，搭建“地方立法蓝皮书”常态化的研究平台。近年来，依托西南政法大学、重庆市地方立法研究协同创新中心，皮书团队举办了多次全国性的地方立法相关主题研讨会，未来每年将视情况举办规模不等的地方立法主题研讨会，这一方面有利于广泛发现和选取优秀稿件，另一方面也能为皮书推广提供良好平台。

第二，加大立法相关人才培养力度，为“地方立法蓝皮书”研创储备优质研究力量。立法，尤其是地方立法相关内容，并不是当下法学教育的主流核心学科，团队未来将以蓝皮书为契机，通过开设课程、课题招标、毕业设计、地方立法机关工作人员进修等渠道，加大对立法相关人才的培养力度，从而反哺皮书研究团队。

第三，充分利用科技前沿技术，完善地方立法数据库、协作单位合作网络建设。未来将采用技术外包等形式，加快推进团队立法信息数据库的建设工作，并考虑适时推进更为广泛的地方立法协作单位合作网络建设，进一步扩大“地方立法蓝皮书”的覆盖面。

第四，扩大社会影响力，形成“地方立法蓝皮书”品牌效应，提升皮书在科研评价体系内的认可度。补齐媒体宣传、微信公众号平台运营等短板，探索蓝皮书报告向立法智库报告的转换机制，力争从公众、地方立法机关、法学研究几方面入手，提升“地方立法蓝皮书”知名度，打造良好口碑，进一步提高皮书在科研评价体系内的认可度，从而吸引更多研究人员投入皮书研创中。

“北京律师蓝皮书”编辑出版十周年综述*

冉井富**

摘　要： 自2011年第一本“北京律师蓝皮书”出版，至2020年已出版十年。“北京律师蓝皮书”是系统地介绍律师行业运行和发展的连续性研究报告，全书分为总报告、分报告和大事记，从面、线、点多种角度，以多种方式展现北京律师行业运行和发展的实际情况。经过十年的发展，北京律师行业规模不断扩大、律师行业运行和发展的体制机制逐步完善、高端业务办理能力有较大幅度的提升、律师权益保障力度加大、履行社会责任的渠道和形式更加丰富、律师行业自律管理富有成效。

关键词： 北京律师蓝皮书　北京律师行业　北京律师群体

---

* 本文刊发于内部刊物《北京律师》2020年第6期。

** 冉井富，中国社会科学院法学研究所副研究员，“北京律师蓝皮书”执行主编。

为了促进社会各界了解和认识律师行业，北京市律师协会于2010年6月成立“北京律师蓝皮书”课题组，着手设计和编写“北京律师蓝皮书”。

“北京律师蓝皮书”的出版，开辟了我国律师行业发布皮书报告之先河。该书面世之后，我国有了正式、系统地介绍律师行业运行和发展的研究报告。蓝皮书可以为律师行业从业者、管理人员及其他关注律师行业发展的群体提供启发。通过该蓝皮书，律师行业管理部门可以制定切实可行的管理措施和发展规划；律师事务所可以优化运营策略；执业律师可以调整职业追求；社会公众可以正确认识律师行业和律师群体，潜在的当事人可以选择符合自己需要的律师和律师事务所。

“北京律师蓝皮书”重点介绍北京律师行业的运行和发展情况，是一本地区性、行业性的发展报告。律师行业发展反映在许多方面，“北京律师蓝皮书”采取面、线、点相结合的方式确定考察的范围和叙述的特色。具体言之，本系列皮书各卷在内容上包括三个部分：总报告、分报告和大事记，三个部分分别代表北京律师行业发展的面、线、点，从多种角度、以多种方式展现北京律师行业运行和发展的实际情况。

总报告部分旨在全面描述和分析北京律师行业年度发展的基本情况。总报告以定量研究为主、以定性研究为辅，叙事风格兼有概括性、直观性、客观性等特点。其框架结构则由律师队伍、律师机构、律师业务、律师收入、履行社会责任、律师行业管理、行业发展前景预测7个方面组成。除了具体内容不同外，各卷皮书总报告具有基本相同的框架结构和叙事体例，保持了基本稳定的风格和特色，因此，各卷皮书总报告对北京律师行业发展基本情况的考察前后相续，形成一个系列，连续反映北京律师行业的发展历程。

分报告包括3~6篇，具体内容为北京律师行业发展某个方面的深入研究，以专题分析、深度考察为特色。各卷皮书分报告的题目按照一定的理论框架进行选择，并兼顾现实针对性。在理论框架上，分报告的题目分属律师队伍、律师机构、律师业务、律师收入、律师执业活动、履行社会责任、律师行业管理7个领域。各卷皮书分报告的题目在这些领域中确定，并尽可能分布均衡，借以保证各卷皮书分报告在体例和结构上的统一性。与此同时，在确定具体题目时，又考虑了现实针对性，以确保每个题目都是当下北京律师行业发展中的重大问题或焦点问题。总之，本系列皮书各卷的分报告既体现了框架和体例上的统一性、连续性，又体现了各卷在各年度的现实针对性。

大事记是对北京律师行业在一定时期内的重要活动所做的客观而简明的记录，这些记录是北京律师行业发展的若干个“点”，这些“点”串起来，以另一种方式展现了北京律师行业发展的历程。

“北京律师蓝皮书”是课题组分工负责、紧密协作的结果。课题组成员来自三个方面：一是从事学术研究的法学、社会学、管理学专家，他们利用专业的理论和先进的方法制定律师行业发展报告的研究方案和写作框架，承担子课题，撰写研究报告；二是资深律师，他们以对律师行业实际的深刻理解和生动感受，参与蓝皮书各卷的议题选择、问题研讨、书稿修改等工作；三是律师行业管理人员，他们根据行业管理的经验和职责负责审定研究方案和写作框架、组织或协助课题调研、组织研讨会议、提供数据和资料、审核研究报告、联系出版等多方面的事务。得益于各种人员构成，皮书融合了理论研究、执业经验和管理实践三方面的知识和视角。

“北京律师蓝皮书”五卷的编辑和出版，见证和记录了北京律师行业发展十年（2011～2020年）来的运行和发展。而这十年来的发展和变化，可以归纳整理如下。

一　北京律师行业规模不断扩大

十年来，北京律师行业的规模不断扩大，主要体现在三个方面：一是律师人数大幅增长。2009年底，北京共有律师21215人；截至2019年底，北京律师人数增至34755人，增长了63.8%。折算人口基数，2009年底，北京每10万人口有律师120.9人；截至2019年底，该指标增至161.4人，增幅显著。二是每年办理的律师业务数量大幅增加。据统计，2009年，北京律师共计办理担任法律顾问、民事诉讼代理、刑事诉讼辩护及代理、行政诉讼代理、非诉讼法律事务五类主要的律师业务共158334件（家），同一指标在2019年增至446846件（家），增长了182.2%。三是律师业务总收入大幅增长。2009年，北京律师业务总收入为91.6亿元；2019年，总收入增至273.7亿元，增长了198.8%。

二　律师行业运行和发展的体制机制逐步完善

十年来，在国家律师制度基础上，北京律师行业有关部门制定了一些具体措施，借以优化北京律师行业运行和发展的体制机制。

第一，建立和健全区县律师协会。设立区县一级律师协会是北京市基于律师行业管理实践进行的一项探索和创新。区县律师协会的设立始于2009年10月，截至2010年底，全市成立了13家区县律师协会。截至2018年12月，延庆区律师协会成立，北京市区县律师协会实现全覆盖。近年来的实践表明，对于北京市这种律师人数较多、律师行业较为发达的特大城市来说，建立区县律师协会对于加强律师行业管理、支持和促进律师行业发展，有着重要的意义。

第二，逐步确立了北京律师行业人才引进新机制。改革开放以来，北京律师人数变化可以大致分为四个阶段，即2010年以前的快速增长阶段、2010～2013年的增长停滞阶段、2013～2016年的缓慢增长阶段、2017年以来的稳步增长阶段。四个阶段的律师人数变化特点，对应着四种律师执业准入政策。2013年4月，北京市律师协会与北京双高人才发展中心签订了合作协议，允许符合条件的非京籍高层次法律人才进入北京实习律师队伍，并在结束实习后可以申请在北京执业。2017年12月，北京市司法局发布《北京市律师执业管理办法实施细则》，进一步放宽了外地律师进京执业的存档限制。基于这些政策变化，2017年以来北京律师人数稳步增长。

第三，开展行业税制改革。2012～2015年，北京律师行业进行了一定范围的税制改革，改革的内容可以概括为两个方面，即“营改增”和个人所得税查账征收。从各项改革措施的实施情况来看，新税制降低了平均税负，扩大了税收筹划空间，总体上有利于律师行业长远发展。但是，新税制在实施中也反映出一些问题，如部分纳税人的税负没有如期降低、不同纳税主体之间的税负差异不够合理、缺乏律师行业专业会计核算办法等。因此，如何会同有关部门，针对上述问题调整和优化律师行业税制，是近年来北京律师协会的一项重要任务。

三　高端业务办理能力有较大幅度的提升

高端业务办理能力主要取决于律师队伍的专业化、律师团队合作机制、涉外业务拓展等方面，而在这些方面，北京律师十年来都有显著的发展。

北京律师队伍专业化的发展主要表现在两个方面：一是在律师队伍中，博士、硕士、双学位的律师所占比例，从 2009 年底的 25.9% 增至 2019 年底的 41.4%；二是在所有具有本科学历的律师中，法律专业的律师所占比例从 2009 年底的 73.9% 增至 2019 年底的 92.8%。

北京律师事务所组织形式的变化和规模化发展，体现了律师业务办理团队合作机制不断优化。从律师事务所规模方面看，2009 年底，北京共有 101 人及以上的特大型律师事务所 19 家，2019 年底特大型律师事务所增至 40 家。而特大型律师事务所不仅数量逐年增加，平均规模也在逐年扩大。具体从统计数据上看，2012 年的 25 个特大型律师事务所的平均规模是 172.9 名律师，2015 年的 30 个特大型律师事务所的平均规模是 184.5 名律师，而 2019 年的 40 个特大型律师事务所的平均规模多达 233.4 名律师。在大型律师事务所数量增加和规模扩大的同时，大型律师事务所内部公司化的管理方式也越来越流行。由于这些变化，北京律师业务办理团队合作机制也逐年完善。

北京律师行业的涉外法律服务水平近年来也在持续提升。一方面，北京涉外律师人才队伍不断发展壮大。据统计，2009 年底，具有相当外语水平的北京律师人数为 10481 人，2019 年底增至 14088 人。在国（境）外接受过教育并获得学位的律师，截至 2019 年，共有 1676 人。此外，北京每年组织一定数量的律师赴国外、境外培训。2009 年，北京赴国外、境外培训的律师共 188 人，累计 581 人；2019 年，北京赴国外、境外培训的律师共 216 人，累计 3430 人。另一方面，北京的律师事务所在境外设置分所，不断提升涉外业务的办理能力。截至 2009 年底，北京的律师事务所共设置境外分所 34 个，十年来，境外分所数量波动较大，但总体呈上升趋势。分所数量 2017 年最多，达到 144 个，在 2019 年有所回落，维持在 73 个。

四　律师权益保障力度加大

十年来，国家层面的立法和政策文件不断加大律师权益保障的力度。例如，2012 年和 2018 年《刑事诉讼法》的两次修订，在立法层面调整和增加了执业律师的诉讼权利；2013 年以来，《中共中央关于全面深化改革若干重大问题的决定》和《中共中央关于全面推进依法治国若干重大问题的决定》均强调完善律师执业保障机制；2015 年 9 月，最高人民法院、最高人民检察院、公安部、国家安全部、司法部联合出台《关于依法保障律师执业权利的规定》；2016 年 6 月，中共中央办公厅、国务院办公厅印发了《关于深化律师制度改革的意见》，进一步强调了保障律师执业权益；2017 年 4 月，最高人民法院、最高人民检察院、公安部、国家安全部、司法部和全国律协联合下发了《关于建立健全维护律师执业权利快速联动处置机制的通知》；2018 年 4 月，最高人民法院、司法部联合印发了《关于依法保障律师诉讼权利和规范律师参与庭审活动的通知》；等等。在这种形势下，北京市司法行政机关和北京市律师协会采取一系列的具体措施，切实加强律师权益保障。这些措施主要包括以下几个方面。

第一，完善律师权益保障运行机制。北京市律师协会采取一系列措施，主要包括市区两级权保委工作联动机制，建立了维护律师执业权利中心，权保委建立了值班制度和快速响应机制，成立了律师维权志愿团，建立健全了律师维权统计报告制度，编辑和发放了律师权益保障手册，开展了维权调研和维权宣传等，完善了律师权益保障的组织架构和运行机制，提高了维权保障的具体效果。

第二，推动和建立跨区域个案维权协作机制。2014 年 7 月，北京市律师协会与吉林省律师协会签订了《跨省（市、区）维护律师执业合法权益互助合作协议》，开启了北京市律师协会与外省市律师协会签订权保互助协议的先河。截至 2018 年 12 月，北京市律师协会已经与 30 家省级律师协会分别签署了律师维权协议，实现了北京律师维权互助合作网络全覆盖。

第三，加强与公检法等部门沟通协作，落实快速处置沟通机制。北京市律师协会先后同市公安机关、检察院、人民法院、检察官协会、法官协会等部门和机构签订协议，建立沟通协调、快速处置机制。

第四，加强同政府部门沟通协作保障律师执业权利。十年来，北京市律师协会权保委先后与市国土局、交管局、工商局等部门就如何保障调查取证、查阅档案等方面进行沟通协商，取得了一定成效。

五　履行社会责任的渠道和形式更加丰富

以人大代表或政协委员身份参政议政、办理法律援助案件、提供义务法律咨询、捐赠款物等是过去律师履行社会责任的主要形式。然而，十年来，除了这些传统形式外，北京律师还形成了许多新型的公益法律服务方式，使得律师以更灵活的形式、通过更丰富的渠道履行社会责任。

第一，参与“1+1”中国法律援助志愿者行动项目，支援中西部欠发达地区律师行业发展。2012 年 5 月，北京市律师协会根据司法部的要求，启动了北京地区 2012 年度“1+1”中国法律援助志愿者行动项目，随后招募了北京地区首批 10 名志愿者。截至目前，北京市律师协会每年都派出一定数量的律师志愿者奔赴西部地区，开展为期一年的志愿服务。在这些年的志愿服务中，一些北京律师因为表现突出而获得各种嘉奖。

第二，通过“百千千工程”支援西部欠发达地区律师事业。对于全国律协发起和组织的“百千千工程”，北京市律师协会精心组织，全市律师和律师事务所积极响应，通过 2013 年、2014 年、2015 年三年时间，高标准、超定额完成了全国律协分配的任务，有力支持了西部地区律师事业的发展。

第三，开展村居法律顾问活动。自 2012 年以来，北京市司法局和北京市律师协会组织律师在北京市全市范围内开展了独具特色的“法律服务村居行”活动。该活动中结对律师担任村居法律顾问，形成“一村一居一法律顾问”的工作格局，律师在为村居民提供法律服务的同时，围绕发展区域经济、推进村居建设、加强和改善村居社会管理、维护村居合法权益等提出了很多富有建设性的意见和建议。截至 2019 年底，担任村居法律顾问的律师 1946 人，建立村居法律顾问微信群 2669 个，服务农村 3964 个，服务社区 3281 个。

第四，成立和运行公益法律服务中心。2013 年 10 月 30 日，北京市律师协会成立公益法律服务中心。公益法律服务中心整合律师行业公益服务力量，形成了较为全面的公益法律服务体系。公益法律服务中心在便利律师从事公益活动、便利群众咨询法律问题、促进律师了解社会的法律需要等方面，发挥了重要作用。

第五，应对重大突发事件提供公益法律服务。如 2012 年北京发生“7・21”特大暴雨事件后，2014 年 3 月发生马航 MH370 飞机失联事件后，北京市律师协会分别及时组织相关专业委员会和律师提供多方面的公益法律服务，充分展示了北京律师的专业优势、专业素质和无私奉献精神。与此同时，北京市也丰富了协助处理此类事件的经验，形成了应对重大突发事件的公益法律服务经验。

第六，快速推进公共法律服务体系建设。近年来，北京律师行业响应和贯彻国家的政策，快速推进公共法律服务体系建设，着力建立和完善公共法律服务平台，发挥北京律师在提高国家治理体系和治理能力现代化水平方面的重要作用。

六　律师行业自律管理富有成效

十年来，在“两结合”框架下，北京律师行业开展了大量、卓有成效的自律性管理工作。前面提到的律师权益保障、律师行业体制机制创新、多渠道履行社会责任等方面的成就主要来源于律师行业的自律性管理，除此之外，北京律师行业自律性管理还在下列方面富有成效。

第一，律师培训。面向全市的律师会员，北京市律师协会每年都会举办大量的培训活动。内容主要包括“申请律师执业实习人员集中培训”“职业道德执业纪律培训”“律师思想政治培训”“律师业务培训”“律师赴国外、境外培训”“律师外语培训”等。据统计，北京市律师协会 2009 年共举办各种培训 32753 人次，2019 年举办各种培训 46156 人次，十年之间增长了 40.9%。

第二，行业帮扶。对于律师队伍中的一些特殊的群体，如青年律师、女律师、中小所律师等，北京市律师协会采取各种帮扶措施，关怀和支持这些群体。例如，为青年律师减免会费，实施“阳光成长计划”等；针对女律师，开展“首都女律师向日葵发展计划”，从业务实践、形象礼仪、养生心理、律所管理等方面对女律师进行培训，全方位提升女律师职业素养；为支持中小所的发展，一些区律协成立了“中小型律所发展与指导委员会”“中小规模律所研究发展中心”等机构。

第三，调研和规划行业发展。十年来，北京市律师协会设立了多项课题，调查、分析、评估律师行业各方面的运行实际和发展水平。例如，定期编辑和出版“北京律师蓝皮书”，描述和分析行业发展状况；开展律师行业发展指数评估研究，定量评价北京律师行业发展水平；开展针对女律师、青年律师、律师行业党建工作、涉外法律服务等问题的专题调研；等等。这些工作增强了行业管理部门和社会各界对律师行业的认识和理解，为行业管理和律师职业发展规划提供了重要的依据。同时，这些工作的广泛开展，也成为北京律师行业管理的一个重要特色。

附录

附录1
第十一届“优秀皮书奖”获奖名单

一等奖

（按丛书名拼音排序）

序号	丛书名	书名	主编	研创单位
1	城市蓝皮书	中国城市发展报告 No. 12	潘家华、单菁菁	中国社会科学院生态文明研究所
2	德国蓝皮书	德国发展报告(2019)	郑春荣	同济大学德国研究中心
3	法治蓝皮书	中国法治发展报告 No. 17(2019)	陈甦、田禾	中国社会科学院法学研究所
4	广州蓝皮书	广州社会发展报告(2019)	张跃国、尹涛	广州市社会科学院
5	河南蓝皮书	河南经济发展报告(2019)	谷建全、完世伟	河南省社会科学院
6	京津冀蓝皮书	京津冀发展报告(2019)	祝合良、叶堂林等	首都经济贸易大学

续表

序号	丛书名	书名	主编	研创单位
7	气候变化绿皮书	应对气候变化报告(2019)	谢伏瞻、刘雅鸣	中国社会科学院－中国气象局气候变化经济学模拟联合实验室
8	社会蓝皮书	2019年中国社会形势分析与预测	李培林、陈光金、张翼	中国社会科学院社会学研究所
9	新媒体蓝皮书	中国新媒体发展报告No. 10(2019)	唐绪军	中国社会科学院新闻与传播研究所
10	新能源汽车蓝皮书	中国新能源汽车产业发展报告(2019)	中国汽车技术研究中心、日产(中国)投资有限公司、东风汽车有限公司	中国汽车技术研究中心、日产(中国)投资有限公司、东风汽车有限公司

二等奖

（按丛书名拼音排序）

序号	丛书名	书名	主编	研创单位
1	安徽蓝皮书	安徽社会发展报告(2019)	范和生	安徽大学创新发展战略研究院
2	北京蓝皮书	北京公共服务发展报告(2018～2019)	施昌奎	北京市社会科学院管理研究所
3	北京旅游绿皮书	北京旅游发展报告(2019)	安金明	北京旅游学会
4	产业蓝皮书	中国产业竞争力报告(2019) No. 8	张其仔	中国社会科学院工业经济研究所
5	电子政务蓝皮书	中国电子政务发展报告(2018～2019)	何毅亭	中共中央党校(国家行政学院)

续表

序号	丛书名	书名	主编	研创单位
6	俄罗斯黄皮书	俄罗斯发展报告（2019）	孙壮志	中国社会科学院俄罗斯东欧中亚研究所、中国社会科学院俄罗斯研究中心
7	房地产蓝皮书	中国房地产发展报告 No. 16（2019）	潘家华、王业强	中国社会科学院生态文明研究所
8	甘肃蓝皮书	甘肃经济发展分析与预测（2019）	安文华、罗哲	甘肃省社会科学院
9	广州蓝皮书	中国广州文化发展报告（2019）	张其学、陆志强	广州大学、广东省区域发展蓝皮书研究会、广州市委宣传部、广州市文化广电旅游局
10	广州蓝皮书	广州创新型城市发展报告（2019）	许鹏	广州市社会科学院
11	广州蓝皮书	2019年中国广州社会形势分析与预测	张强、何镜清	广州大学、广东省区域发展蓝皮书研究会、广州市委宣传部、广州市人力资源和社会保障局、广州市民政局、广州市社会组织管理局
12	河南经济蓝皮书	2019年河南经济形势分析与预测	王世炎	河南省统计局
13	健康城市蓝皮书	北京健康城市建设研究报告（2019）	王鸿春、盛继洪	中国医药卫生事业发展基金会、北京市健康促进工作委员会、首都社会经济发展研究所、北京健康城市建设促进会、北京民力健康传播中心、北京健康城市建设研究中心

续表

序号	丛书名	书名	主编	研创单位
14	旅游绿皮书	2018～2019年中国旅游发展分析与预测	宋瑞	中国社会科学院旅游研究中心
15	农村绿皮书	中国农村经济形势分析与预测（2018～2019）	魏后凯、黄秉信	中国社会科学院农村发展研究所、国家统计局农村社会经济调查司
16	青少年蓝皮书	中国未成年人互联网运用报告（2019）	季为民、沈杰	中国社会科学院新闻与传播研究所、中国少年儿童发展服务中心
17	人口与劳动绿皮书	中国人口与劳动问题报告 No.20	张车伟	中国社会科学院人口与劳动经济研究所
18	上海蓝皮书	上海经济发展报告（2019）	沈开艳	上海社会科学院
19	社会保障绿皮书	中国社会保障发展报告（2019）No.10	王延中	中国社会科学院民族学与人类学研究所
20	社会组织蓝皮书	中国社会组织报告（2019）	黄晓勇	中国社会科学院大学
21	世界经济黄皮书	2019年世界经济形势分析与预测	张宇燕	中国社会科学院世界经济与政治研究所
22	世界能源蓝皮书	世界能源发展报告（2019）	黄晓勇	中国社会科学院研究生院国际能源安全研究中心、中俄能源基金
23	移动互联网蓝皮书	中国移动互联网发展报告（2019）	罗华	人民网研究院

三等奖

（按丛书名拼音排序）

序号	丛书名	书名	主编	研创单位
1	“一带一路”蓝皮书	“一带一路”建设发展报告(2019)	李永全	中国社会科学院“一带一路”研究中心、中信改革发展研究基金会、中国社会科学院大学欧亚高等研究院
2	传媒蓝皮书	中国传媒产业发展报告(2019)	崔保国、徐立军、丁迈	清华大学传媒经济与管理研究中心
3	法治蓝皮书	中国法院信息化发展报告 No. 3(2019)	陈甦、田禾	中国社会科学院法学研究所
4	法治蓝皮书	四川依法治省年度报告 No. 5(2019)	李林、刘志诚、田禾	中国社会科学院法学研究所、四川省委全面依法治省办
5	福建自贸区蓝皮书	中国(福建)自由贸易试验区发展报告(2018~2019)	黄茂兴	福建师范大学福建自贸区综合研究院
6	甘肃农业科技绿皮书	甘肃农业现代化发展研究报告(2019)	魏胜文、乔德华、张东伟	甘肃省农业科学院
7	湖南蓝皮书	2019年湖南社会发展报告	谈文胜	湖南省人民政府发展研究中心
8	健康城市蓝皮书	中国健康城市建设研究报告(2019)	王鸿春、盛继洪	中国城市报中国健康城市研究院、中国医药卫生事业发展基金会、首都社会经济发展研究所、北京健康城市建设促进会、北京健康城市建设研究中心
9	教育蓝皮书	中国教育发展报告(2019)	杨东平	21世纪教育研究院

续表

序号	丛书名	书名	主编	研创单位
10	科普蓝皮书	国家科普能力发展报告(2019)	王挺	中国科普研究所
11	辽宁蓝皮书	2019年辽宁经济社会形势分析与预测	梁启东、魏红江	辽宁社会科学院
12	汽车工业蓝皮书	中国汽车工业发展报告(2019)	中国汽车工业协会、中国汽车技术研究中心有限公司、丰田汽车公司	中国汽车工业协会、中国汽车技术研究中心有限公司、丰田汽车公司
13	区域蓝皮书	中国区域经济发展报告(2018~2019)	赵弘	北京市社会科学院
14	日本经济蓝皮书	日本经济与中日经贸关系研究报告(2019)	张季风	全国日本经济学会、中国社会科学院日本研究所
15	陕西蓝皮书	陕西文化发展报告(2019)	白宽犁、王长寿	陕西省社会科学院
16	陕西蓝皮书	陕西经济发展报告(2019)	白宽犁、裴成荣	陕西省社会科学院
17	社会心态蓝皮书	中国社会心态研究报告(2019)	王俊秀	中国社会科学院社会学研究所社会心理学研究中心
18	养老金融蓝皮书	中国养老金融发展报告(2019)	董克用、姚余栋	中国养老金融50人论坛

附录2
第十一届“优秀皮书报告奖”获奖名单

一等奖

（按报告名拼音排序）

序号	报告名	所属皮书	作者	作者所在单位
1	2018～2019年甘肃社会发展形势分析与预测	甘肃蓝皮书:甘肃社会发展分析与预测(2019)	许振明	甘肃省社会科学院
2	2018～2019年贵州大数据战略行动报告	贵州蓝皮书:贵州大数据战略发展报告(2019)	“贵州大数据战略发展报告”课题组	贵州省社会科学院
3	2018年广州经济形势分析与2019年展望	广州蓝皮书:广州经济发展报告(2019)	欧江波、唐碧海等	广州市社会科学院数量经济研究所
4	2018年中国互联网经济发展情况与趋势	互联网经济蓝皮书:中国互联网经济发展报告(2019)	中央财经大学中国互联网经济研究院,课题主笔:刘航、鞠雪楠、荆文君	中央财经大学中国互联网经济研究院

续表

序号	报告名	所属皮书	作者	作者所在单位
5	2018年中国经济社会及财政运行特点分析	财政蓝皮书:中国财政政策报告(2019)	王志刚	中国财政科学研究院宏观经济研究中心
6	2018年中国志愿服务发展指数报告	慈善蓝皮书:中国慈善发展报告(2019)	翟雁、辛华、张杨	北京惠泽人公益发展中心、固安幸福志愿服务会
7	2019年全国地方各级纪检监察机关信息公开评估报告	反腐倡廉蓝皮书:中国反腐倡廉建设报告 NO.9	中国社会科学院社会学研究所“党和国家监督体系绩效测评研究”创新工程项目组,执笔人:蒋来用、周兴君	中国社会科学院中国廉政研究中心、中国社会科学院大学
8	2019年中国可持续发展评价指标体系研究报告	可持续发展蓝皮书:中国可持续发展评价报告(2019)	王军、郭栋、张焕波、刘向东	中国国际经济交流中心、美国哥伦比亚大学地球研究院可持续发展政策与管理研究中心、中国国际经济交流中心美欧研究所、中国国际经济交流中心经济研究部
9	海湾新变局:机遇与挑战	中东黄皮书:中东发展报告 No.21(2018~2019)	唐志超	中国社会科学院西亚非洲研究所中东研究室
10	迈向融合3.0——2017~2018年中国媒体融合发展的成就、动能、挑战与趋势	媒体融合蓝皮书:中国媒体融合发展报告(2019)	课题组,执笔:支庭荣、汪金刚、罗敏、胡帅、袁贝宁	暨南大学新闻与传播学院
11	民粹主义挑战与欧洲一体化的未来	欧洲蓝皮书:欧洲发展报告(2018~2019)	李靖堃、孔元、贺之杲	中国社会科学院欧洲研究所

二等奖

（按报告名拼音排序）

序号	报告名	所属皮书	作者	作者所在单位
1	2018年中国短视频内容市场发展报告	新媒体蓝皮书：中国新媒体发展报告 No. 10（2019）	刘友芝、胡青山	武汉大学新闻与传播学院
2	北京科普供给侧结构性改革与创新研究	北京科普蓝皮书：北京科普发展报告（2018～2019）	高畅、刘涛	北京市科技传播中心、中国社会科学院研究生院数量经济与技术经济研究所
3	产业扶贫的生计响应、益贫机制与可持续脱贫建议——基于4片区县、28个乡镇、55个村、2363户农户调查数据的分析	连片特困区蓝皮书：中国连片特困区发展报告（2018～2019）	游俊、冷志明、丁建军	“武陵山片区扶贫与发展”湖南省2011协同创新中心、吉首大学
4	德国绿色技术产业：现状与趋势	德国蓝皮书：德国发展报告（2019）	朱苗苗	同济大学德国问题研究所/欧盟研究所
5	国际大变局：日本的选择与应对——2018～2019年日本形势回顾与展望	日本蓝皮书：日本研究报告（2019）	杨伯江	中国社会科学院日本研究所
6	回归以来澳门旅游休闲产业的发展现状及未来展望	澳门绿皮书：澳门旅游休闲发展报告（2018～2019）	林广志、陈章喜	澳门科技大学社会和文化研究所、暨南大学特区港澳经济研究所

续表

序号	报告名	所属皮书	作者	作者所在单位
7	跨国企业遵守"一个中国"原则状况观察（2019）——从世界500强企业官网对我国港澳台地区标识切入	网络法治蓝皮书:中国网络法治发展报告(2019)	跨国企业遵守"一个中国"原则状况观察课题组,执笔人:支振锋、田丽、刘晶晶	中国社会科学院法学研究所、北京大学新媒体研究院、中国社会科学院上海研究院
8	迈向高质量的社会发展——2018～2019年黑龙江社会形势分析与展望	黑龙江蓝皮书:黑龙江社会发展报告(2019)	王爱丽	黑龙江省社会科学院
9	全国省域经济综合竞争力总体评价报告	中国省域竞争力蓝皮书:中国省域经济综合竞争力发展报告(2017～2018)	福建师范大学竞争力研究中心课题组	福建师范大学
10	上海降低制度性交易成本的探索和实践	上海蓝皮书:上海经济发展报告(2019)	沈开艳、彭辉、卢逸迪	上海社会科学院经济研究所、法学研究所
11	市场分割视角下的四川城市群发展	四川蓝皮书:四川城镇化发展报告(2019)	吴振明	四川省社会科学院区域经济与城市发展研究所
12	数字经济时代的网络空间安全:世界变革与中国路径	网络空间安全蓝皮书:中国网络空间安全发展报告(2019)	惠志斌、覃庆玲	上海社会科学院互联网研究中心、中国信息通信研究院安全研究所
13	外部冲击、名义GDP收缩与增强经济体制韧性	经济蓝皮书夏季号:中国经济增长报告(2018～2019)	中国经济增长前沿课题组,执笔人:张平、张自然、袁富华、倪红福、楠玉	中国社会科学院经济研究所

续表

序号	报告名	所属皮书	作者	作者所在单位
14	中国对外文化贸易发展报告(2019)	文化贸易蓝皮书:中国国际文化贸易发展报告(2019)	李小牧	北京第二外国语学院
15	中国经济高质量发展综合评价指数报告	高质量发展蓝皮书:中国经济高质量发展报告(2019)	邹一南、赵俊豪	中共中央党校(国家行政学院)

三等奖

(按报告名拼音排序)

序号	报告名	所属皮书	作者	作者所在单位
1	2018～2019年经济景气形势分析与预测	经济蓝皮书:2019年中国经济形势分析与预测	陈磊、孙晨童、王琳琳	东北财经大学经济计量分析与预测研究中心、数学与数量经济学院
2	2018年中国国家中心城市建设指数及成长性指数评价分析	国家中心城市蓝皮书:国家中心城市建设报告(2019)	郑州师范学院国家中心城市研究院课题组,执笔:陈耀、石玉、徐艳红	郑州师范学院国家中心城市研究院
3	安徽创新驱动发展能力指标体系构建、评价与提升——基于30个省级行政区比较视角	安徽蓝皮书:安徽社会发展报告(2019)	陈云、杜鹏程、吴梦云	安徽大学
4	北京市人口形势分析报告(2019)	北京人口蓝皮书:北京人口发展研究报告(2019)	马小红、闫萍、石万里、张精桥	中共北京市委党校(北京行政学院)
5	方兴未艾的中国区块链	区块链应用蓝皮书:中国区块链应用发展研究报告(2019)	潘健、赵亚辉、段欣毅、思二勋	人民网、人民创投区块链研究院

续表

序号	报告名	所属皮书	作者	作者所在单位
6	非洲政治安全形势的新发展与新挑战	非洲黄皮书：非洲发展报告 No. 21（2018～2019）	黎文涛、王磊	中国现代国际关系研究院
7	陕西省基层干部精准扶贫工作心态研究	陕西蓝皮书：陕西精准脱贫研究报告（2019）	陕西省委党校课题组	陕西省委党校
8	生态脆弱区绿色发展的理论模型构建与西宁市加快绿色发展对策	西宁蓝皮书：西宁绿色发展样板城市建设报告（2019）	县炜、县永平	青海民族大学、西宁市绿色发展研究院
9	丝路节点城市2.0："一带一路"建设的重心与前沿	国际城市蓝皮书：国际城市发展报告（2019）	邓智团、刘玉博、屠启宇、杨传开	上海社会科学院城市与人口发展研究所
10	新媒体环境下厦门社会居民新闻接触习惯调查报告（2018～2019）	未来媒体蓝皮书：中国未来媒体研究报告（2019）	课题组，执笔：林小勇、丁智才、潘秋月、贺莹	厦门理工学院
11	新三板分行业挂牌公司质量评价报告	新三板蓝皮书：中国新三板市场发展报告（2018～2019）	王力等	特华博士后科研工作站
12	印度洋国际环境变化与中国面临的战略选择	印度洋地区蓝皮书：印度洋地区发展报告（2019）	朱翠萍	云南财经大学印度地区研究中心
13	中国城乡居民的社会和政治参与	社会蓝皮书：2019年中国社会形势分析与预测	李炜、邹宇春	中国社会科学院社会学研究所
14	中国地方政府互联网服务能力评价	政府互联网服务能力蓝皮书：中国地方政府互联网服务能力发展报告（2019）	王萌森、徐霁、张龙鹏、陈良雨、郭宁、张会平	成都市经济发展研究院、电子科技大学公共管理学院、四川大学公共管理学院

附录3　2019年版皮书综合评价排名前100书目

宏观经济类（7种）

综合排名	分类排名	丛书名	书名	研创单位	内容分类	皮书内容评价(70%)				社会影响力				综合得分
						原始得分(满分100分)	加分项(满分5分)	减分项(最高扣15分)	实际得分	媒体影响力得分(满分100分，20%)	下载率得分(满分100分，5%)	品牌贡献度得分(满分100分，5%)	实际得分	
9	1	经济蓝皮书	2019年中国经济形势分析与预测	中国社会科学院数量经济与技术经济研究所	宏观经济	89.24	3.00	0.00	64.57	82	100	100	26.40	90.97
26	2	中国省域竞争力蓝皮书	中国省域经济综合竞争力发展报告(2017～2018)	全国经济综合竞争力研究中心福建师范大学分中心	宏观经济	90.00	3.25	-5.00	61.78	85	90	100	26.50	88.28
34	3	经济蓝皮书夏季号	中国经济增长报告(2018～2019)	中国社会科学院经济研究所	宏观经济	90.50	4.25	0.00	66.33	84	50	30	20.80	87.13

续表

综合排名	分类排名	丛书名	书名	研创单位	内容分类	皮书内容评价(70%)				社会影响力				综合得分
						原始得分(满分100分)	加分项(满分5分)	减分项(最高扣15分)	实际得分	媒体影响力得分(满分100分,20%)	下载率得分(满分100分,5%)	品牌贡献度得分(满分100分,5%)	实际得分	
41	4	农村绿皮书	中国农村经济形势分析与预测(2018~2019)	中国社会科学院农村发展研究所、国家统计局农村社会经济调查司	宏观经济	81.29	4.00	0.00	59.71	88	100	80	26.60	86.31
48	5	可持续发展蓝皮书	中国可持续发展评价报告(2019)	中国国际经济交流中心、美国哥伦比亚大学地球研究院、阿里研究院	宏观经济	85.25	4.00	0.00	62.48	85	50	70	23.00	85.48
63	6	人口与劳动绿皮书	中国人口与劳动问题报告 No. 20	中国社会科学院人口与劳动经济研究所	宏观经济	84.32	4.25	0.00	62.00	72.5	80	70	22.00	84.00
94	7	财政蓝皮书	中国财政政策报告(2019)	中国财政科学研究院	宏观经济	85.84	3.50	-4.00	59.74	77	70	70	22.40	82.14

区域与城市经济类（5种）

综合排名	分类排名	丛书名	书名	研创单位	内容分类	皮书内容评价（70%）				社会影响力				综合得分
						原始得分（满分100分）	加分项（满分5分）	减分项（最高扣15分）	实际得分	媒体影响力得分（满分100分，20%）	下载率得分（满分100分，5%）	品牌贡献度得分（满分100分，5%）	实际得分	
5	1	京津冀蓝皮书	京津冀发展报告（2019）	首都经济贸易大学	区域与城市经济	91.00	3.00	0.00	65.80	94	70	80	26.30	92.10
11	2	城市蓝皮书	中国城市发展报告 No. 12	中国社会科学院生态文明研究所	区域与城市经济	87.20	3.00	0.00	63.14	96.5	80	80	27.30	90.44
29	3	城市创新蓝皮书	中国城市创新报告（2019）	中国城市发展研究会	区域与城市经济	88.32	3.75	0.00	64.45	83	80	60	23.60	88.05
68	4	特色小镇蓝皮书	中国特色小镇发展报告（2018～2019）——中国特色小镇竞争力评价	中国社会科学院生态文明研究所、特华博士后科研工作站	区域与城市经济	86.01	4.00	0.00	63.01	73	50	70	20.60	83.61
96	5	国家中心城市蓝皮书	国家中心城市建设报告（2019）	郑州师范学院国家中心城市研究院	区域与城市经济	82.47	3.75	-1.00	59.66	79	60	70	22.30	81.96

产业经济类（6 种）

综合排名	分类排名	丛书名	书名	研创单位	内容分类	皮书内容评价（70%）				社会影响力				综合得分
						原始得分（满分100分）	加分项（满分5分）	减分项（最高扣15分）	实际得分	媒体影响力得分（满分100分，20%）	下载率得分（满分100分，5%）	品牌贡献度得分（满分100分，5%）	实际得分	
17	1	新能源汽车蓝皮书	中国新能源汽车产业发展报告（2019）	中国汽车技术研究中心、日产（中国）投资有限公司、东风汽车有限公司	产业经济	86. 50	3. 75	-1. 00	62. 48	88. 5	90	100	27. 20	89. 68
30	2	产业蓝皮书	中国产业竞争力报告（2019）No. 8	中国社会科学院工业经济研究所	产业经济	92. 75	4. 25	-2. 00	66. 50	75	50	80	21. 50	88. 00
56	3	房地产蓝皮书	中国房地产发展报告 No. 16（2019）	中国社会科学院生态文明研究所	产业经济	79. 50	3. 75	0. 00	58. 28	86	100	90	26. 70	84. 98
59	4	汽车工业蓝皮书	中国汽车工业发展报告（2019）	中国汽车工业协会、中国汽车技术研究中心有限公司、丰田汽车公司	产业经济	85. 75	4. 00	-2. 00	61. 43	70	100	80	23. 00	84. 43

续表

综合排名	分类排名	丛书名	书名	研创单位	内容分类	皮书内容评价(70%)				社会影响力				综合得分
						原始得分(满分100分)	加分项(满分5分)	减分项(最高扣15分)	实际得分	媒体影响力得分(满分100分,20%)	下载率得分(满分100分,5%)	品牌贡献度得分(满分100分,5%)	实际得分	
87	5	中央商务区蓝皮书	中央商务区产业发展报告(2019)	首都经济贸易大学	产业经济	88.75	2.50	0.00	63.88	80	50	0	18.50	82.38
91	6	餐饮产业蓝皮书	中国餐饮产业发展报告(2019)	世界中餐业联合会、昆明学院	产业经济	78.38	2.75	0.00	56.80	87.5	90	70	25.50	82.30

行业及其他类（17 种）

综合排名	分类排名	丛书名	书名	研创单位	内容分类	皮书内容评价（70%）				社会影响力				综合得分
						原始得分（满分100分）	加分项（满分5分）	减分项（最高扣15分）	实际得分	媒体影响力得分（满分100分，20%）	下载率得分（满分100分，5%）	品牌贡献度得分（满分100分，5%）	实际得分	
33	1	中国上市公司蓝皮书	中国上市公司发展报告（2019）	中国社会科学院上市公司研究中心	行业及其他	88.60	4.50	0.00	65.17	85	40	60	22.00	87.17
39	2	旅游绿皮书	2018～2019年中国旅游发展分析与预测	中国社会科学院旅游研究中心	行业及其他	83.44	4.00	0.00	61.21	83.5	80	90	25.20	86.41
42	3	金蜜蜂企业社会责任蓝皮书	金蜜蜂中国企业社会责任报告研究（2019）	责扬天下（北京）管理顾问有限公司	行业及其他	89.50	4.50	0.00	65.80	74	50	60	20.30	86.10
53	4	数字经济蓝皮书	全球数字经济竞争力发展报告（2019）	上海社会科学院信息研究所	行业及其他	96.00	4.00	0.00	70.00	49	20	90	15.30	85.30

续表

综合排名	分类排名	丛书名	书名	研创单位	内容分类	皮书内容评价(70%)				社会影响力				综合得分
						原始得分(满分100分)	加分项(满分5分)	减分项(最高扣15分)	实际得分	媒体影响力得分(满分100分,20%)	下载率得分(满分100分,5%)	品牌贡献度得分(满分100分,5%)	实际得分	
55	5	世界能源蓝皮书	世界能源发展报告(2019)	中国社会科学院研究生院国际能源安全研究中心、中俄能源基金	行业及其他	86.20	4.00	0.00	63.14	75	60	80	22.00	85.14
57	6	双创蓝皮书	中国双创发展报告(2018~2019)	深圳大学中国经济特区研究中心	行业及其他	89.00	4.00	0.00	65.10	69	50	70	19.80	84.90
60	7	医院蓝皮书	中国医院竞争力报告(2018~2019)	艾力彼医院管理研究中心	行业及其他	80.27	4.50	0.00	59.34	75	100	100	25.00	84.34
62	8	科普蓝皮书	国家科普能力发展报告(2019)	中国科普研究所	行业及其他	88.00	4.00	0.00	64.40	64	80	60	19.80	84.20
64	9	养老金融蓝皮书	中国养老金融发展报告(2019)	中国养老金融50人论坛	行业及其他	86.84	4.00	-1.00	62.89	68	70	80	21.10	83.99

续表

综合排名	分类排名	丛书名	书名	研创单位	内容分类	皮书内容评价（70%）				社会影响力				综合得分
						原始得分（满分100分）	加分项（满分5分）	减分项（最高扣15分）	实际得分	媒体影响力得分（满分100分，20%）	下载率得分（满分100分，5%）	品牌贡献度得分（满分100分，5%）	实际得分	
71	10	企业社会责任蓝皮书	中国企业社会责任研究报告（2019）	中国社会科学院经济学部企业社会责任研究中心	行业及其他	85.00	3.50	0.00	61.95	77	40	80	21.40	83.35
76	11	休闲绿皮书	2018～2019年中国休闲发展报告	中国社会科学院旅游研究中心	行业及其他	82.56	4.00	0.00	60.60	85	30	80	22.50	83.10
80	12	健康管理蓝皮书	中国健康管理与健康产业发展报告 No.2（2019）	中关村新智源健康管理研究院、中南大学健康管理研究中心	行业及其他	78.26	4.00	0.00	57.59	81	100	80	25.20	82.79
89	13	管理蓝皮书	中国管理发展报告（2019）	中国管理科学学会学术委员会、南京敏捷企业管理研究所	行业及其他	82.70	4.50	-1.00	60.34	75	80	60	22.00	82.34

续表

综合排名	分类排名	丛书名	书名	研创单位	内容分类	皮书内容评价（70%）				社会影响力				综合得分
						原始得分（满分100分）	加分项（满分5分）	减分项（最高扣15分）	实际得分	媒体影响力得分（满分100分，20%）	下载率得分（满分100分，5%）	品牌贡献度得分（满分100分，5%）	实际得分	
90	14	金融科技蓝皮书	中国金融科技发展报告（2019）	中国金融学会金融科技专业委员会	行业及其他	76. 15	4. 00	0. 00	56. 11	86	100	80	26. 20	82. 31
95	15	监管科技蓝皮书	中国监管科技发展报告（2019）	中国人民银行货币政策司	行业及其他	76. 16	5. 00	0. 00	56. 82	86	80	80	25. 20	82. 02
99	16	商务中心区蓝皮书	中国商务中心区发展报告 No. 5（2019）	北京商务中心区管理委员会、中国社会科学院生态文明研究所	行业及其他	81. 80	4. 50	0. 00	60. 41	79	40	70	21. 30	81. 71
100	17	森林小镇蓝皮书	中国森林小镇发展报告（2019）	发展中国论坛、浙江财经大学	行业及其他	83. 00	4. 00	0. 00	60. 90	79	50	50	20. 80	81. 70

社会政法类（16 种）

综合排名	分类排名	丛书名	书名	研创单位	内容分类	皮书内容评价(70%)				社会影响力				综合得分
						原始得分(满分100分)	加分项(满分5分)	减分项(最高扣15分)	实际得分	媒体影响力得分(满分100分，20%)	下载率得分(满分100分，5%)	品牌贡献度得分(满分100分，5%)	实际得分	
1	1	法治蓝皮书	中国法治发展报告No. 17(2019)	中国社会科学院法学研究所	社会政法	97. 00	4. 00	0. 00	70. 70	93. 5	100	80	27. 70	98. 40
3	2	社会蓝皮书	2019年中国社会形势分析与预测	中国社会科学院社会学研究所	社会政法	95. 00	5. 00	0. 00	70. 00	83	100	100	26. 60	96. 60
7	3	社会心态蓝皮书	中国社会心态研究报告(2019)	中国社会科学院社会学研究所	社会政法	92. 50	4. 50	0. 00	67. 90	89	50	60	23. 30	91. 20
12	4	法治蓝皮书	中国法院信息化发展报告No. 3(2019)	中国社会科学院法学研究所	社会政法	88. 00	2. 00	0. 00	63. 00	92	100	80	27. 40	90. 40
16	5	政府互联网服务能力蓝皮书	中国地方政府互联网服务能力发展报告(2019)	电子科技大学公共管理学院、成都市经济发展研究院	社会政法	93. 00	4. 50	-2. 00	66. 85	85	60	60	23. 00	89. 85

续表

综合排名	分类排名	丛书名	书名	研创单位	内容分类	皮书内容评价(70%)				社会影响力				综合得分
						原始得分(满分100分)	加分项(满分5分)	减分项(最高扣15分)	实际得分	媒体影响力得分(满分100分,20%)	下载率得分(满分100分,5%)	品牌贡献度得分(满分100分,5%)	实际得分	
19	6	青少年蓝皮书	中国未成年人互联网运用报告(2019)	中国社会科学院新闻与传播研究所、中国少年儿童发展服务中心	社会政法	89.48	2.50	0.00	64.39	93.5	50	80	25.20	89.59
23	7	连片特困区蓝皮书	中国连片特困区发展报告(2018~2019)	吉首大学"武陵山片区扶贫与发展"协同创新中心	社会政法	89.00	4.00	0.00	65.10	87.5	70	50	23.50	88.60
35	8	社会组织蓝皮书	中国社会组织报告(2019)	中国社会科学院大学	社会政法	87.79	4.00	0.00	64.26	79	70	70	22.80	87.06
36	9	社会保障绿皮书	中国社会保障发展报告(2019)No.10	中国社会科学院民族学与人类学研究所	社会政法	85.74	4.00	0.00	62.82	78.5	80	90	24.20	87.02

续表

综合排名	分类排名	丛书名	书名	研创单位	内容分类	皮书内容评价（70%）				社会影响力				综合得分
						原始得分（满分100分）	加分项（满分5分）	减分项（最高扣15分）	实际得分	媒体影响力得分（满分100分，20%）	下载率得分（满分100分，5%）	品牌贡献度得分（满分100分，5%）	实际得分	
37	10	健康城市蓝皮书	中国健康城市建设研究报告（2019）	中国城市报·中国健康城市研究院、中国医药卫生事业发展基金会、首都社会经济发展研究所、北京健康城市建设促进会、北京健康城市建设研究中心	社会政法	87. 28	4. 00	0. 00	63. 90	72. 5	90	80	23. 00	86. 90
48	11	老龄蓝皮书	中国老年人生活质量发展报告（2019）	中国老龄科学研究中心	社会政法	85. 26	4. 00	0. 00	62. 48	85	40	80	23. 00	85. 48

续表

综合排名	分类排名	丛书名	书名	研创单位	内容分类	皮书内容评价（70%）				社会影响力				综合得分
						原始得分（满分100分）	加分项（满分5分）	减分项（最高扣15分）	实际得分	媒体影响力得分（满分100分，20%）	下载率得分（满分100分，5%）	品牌贡献度得分（满分100分，5%）	实际得分	
51	12	教育蓝皮书	中国教育发展报告（2019）	21世纪教育研究院	社会政法	81.60	4.00	0.00	59.92	82	90	90	25.40	85.32
52	13	慈善蓝皮书	中国慈善发展报告（2019）	中国社会科学院社会学研究所	社会政法	88.08	3.50	-3.00	62.01	74	70	100	23.30	85.31
69	14	残疾人蓝皮书	中国残疾人事业发展报告(2019)	南京特殊教育师范学院中国残疾人数据科学研究院	社会政法	86.50	3.00	0.00	62.65	82	30	60	20.90	83.55
73	15	电子政务蓝皮书	中国电子政务发展报告(2018～2019)	中共中央党校（国家行政学院）	社会政法	87.26	2.00	-5.00	58.99	79	80	90	24.30	83.29
86	16	北京蓝皮书	中国社区发展报告（2018～2019）	北京市社会科学院	社会政法	84.78	4.00	0.00	62.15	74	40	70	20.30	82.45

文化传媒类（12种）

综合排名	分类排名	丛书名	书名	研创单位	内容分类	皮书内容评价（70%）				社会影响力				综合得分
						原始得分（满分100分）	加分项（满分5分）	减分项（最高扣15分）	实际得分	媒体影响力得分（满分100分，20%）	下载率得分（满分100分，5%）	品牌贡献度得分（满分100分，5%）	实际得分	
2	1	新媒体蓝皮书	中国新媒体发展报告 No. 10（2019）	中国社会科学院新闻与传播研究所	文化传媒	92. 50	5. 00	0. 00	68. 25	100	100	100	30. 00	98. 25
4	2	移动互联网蓝皮书	中国移动互联网发展报告（2019）	人民网研究院	文化传媒	87. 89	4. 50	0. 00	64. 68	100	100	70	28. 50	93. 18
14	3	文化建设蓝皮书	中国文化发展报告（2019）	湖北大学高等人文研究院、中华文化发展湖北省协同创新中心、湖北文化建设研究院	文化传媒	88. 50	4. 00	0. 00	64. 75	95	70	60	25. 50	90. 25

续表

综合排名	分类排名	丛书名	书名	研创单位	内容分类	皮书内容评价（70%）				社会影响力				综合得分
						原始得分（满分100分）	加分项（满分5分）	减分项（最高扣15分）	实际得分	媒体影响力得分（满分100分，20%）	下载率得分（满分100分，5%）	品牌贡献度得分（满分100分，5%）	实际得分	
18	4	传媒蓝皮书	中国传媒产业发展报告（2019）	清华大学传媒经济与管理研究中心	文化传媒	89.31	4.50	-3.00	63.57	80.5	100	100	26.10	89.67
32	5	电影蓝皮书	全球电影产业发展报告（2019）	北京电影学院现代创意媒体学院	文化传媒	88.00	3.00	0.00	63.70	85	80	50	23.50	87.20
54	6	智库成果蓝皮书	中国皮书发展报告（2019）	社会科学文献出版社	文化传媒	95.50	4.50	0.00	70.00	46	70	50	15.20	85.20
70	7	文化蓝皮书	中国文化消费需求景气评价报告（2019）	云南省社会科学院文化发展研究中心	文化传媒	87.00	3.50	-5.00	59.85	88	60	60	23.60	83.45
73	8	媒体融合蓝皮书	中国媒体融合发展报告（2019）	北京市新闻工作者协会	文化传媒	78.19	3.50	0.00	57.19	90.5	60	100	26.10	83.29

续表

综合排名	分类排名	丛书名	书名	研创单位	内容分类	皮书内容评价（70%）				社会影响力				综合得分
						原始得分（满分100分）	加分项（满分5分）	减分项（最高扣15分）	实际得分	媒体影响力得分（满分100分，20%）	下载率得分（满分100分，5%）	品牌贡献度得分（满分100分，5%）	实际得分	
78	9	文化蓝皮书	中国公共文化投入增长测评报告（2019）	云南省社会科学院文化发展研究中心	文化传媒	87.00	3.50	-5.00	59.85	88	50	60	23.10	82.95
79	10	传媒经济蓝皮书	中国传媒经济发展报告（2019）	中国传媒大学传媒经济研究所	文化传媒	88.38	2.50	0.00	63.62	61	90	50	19.20	82.82
81	11	文化金融蓝皮书	中国文化金融发展报告（2019）	国家金融与发展实验室（NIFD）、文化金融50人论坛（CCF50）	文化传媒	86.66	4.50	0.00	63.82	64	60	60	18.80	82.62
82	12	传播创新蓝皮书	中国传播创新研究报告（2019）	武汉大学媒体发展研究中心	文化传媒	92.00	3.00	0.00	66.50	48	70	60	16.10	82.60

国别与区域类（6种）

综合排名	分类排名	丛书名	书名	研创单位	内容分类	皮书内容评价（70%）				社会影响力				综合得分
						原始得分（满分100分）	加分项（满分5分）	减分项（最高扣15分）	实际得分	媒体影响力得分（满分100分，20%）	下载率得分（满分100分，5%）	品牌贡献度得分（满分100分，5%）	实际得分	
21	1	德国蓝皮书	德国发展报告（2019）	同济大学德国研究中心	国别与区域	87.00	4.00	0.00	63.70	95.5	60	60	25.10	88.80
27	2	日本经济蓝皮书	日本经济与中日经贸关系研究报告（2019）	全国日本经济学会、中国社会科学院日本研究所	国别与区域	91.50	3.00	0.00	66.15	77.5	70	60	22.00	88.15
40	3	日本蓝皮书	日本研究报告（2019）	中华日本学会、中国社会科学院日本研究所	国别与区域	92.50	4.00	-1.00	66.85	82.5	0	60	19.50	86.35
43	4	俄罗斯黄皮书	俄罗斯发展报告（2019）	中国社会科学院俄罗斯东欧中亚研究所、中国社会科学院俄罗斯研究中心	国别与区域	89.5	4.00	0.00	65.45	70	70	60	20.50	85.95

续表

综合排名	分类排名	丛书名	书名	研创单位	内容分类	皮书内容评价(70%)				社会影响力				综合得分
						原始得分(满分100分)	加分项(满分5分)	减分项(最高扣15分)	实际得分	媒体影响力得分(满分100分,20%)	下载率得分(满分100分,5%)	品牌贡献度得分(满分100分,5%)	实际得分	
47	5	中亚黄皮书	中亚国家发展报告(2019)	中国社会科学院俄罗斯东欧中亚研究所、中国社会科学院上海合作组织研究中心	国别与区域	87.00	3.00	0.00	63.00	80.5	70	60	22.60	85.60
66	6	欧洲蓝皮书	欧洲发展报告(2018~2019)	中国社会科学院欧洲研究所、中国欧洲学会	国别与区域	87.00	4.00	0.00	63.70	73	60	50	20.10	83.80

国际问题与全球治理类（5 种）

综合排名	分类排名	丛书名	书名	研创单位	内容分类	皮书内容评价(70%)				社会影响力				综合得分
						原始得分(满分100分)	加分项(满分5分)	减分项(最高扣15分)	实际得分	媒体影响力得分(满分100分，20%)	下载率得分(满分100分，5%)	品牌贡献度得分(满分100分，5%)	实际得分	
6	1	气候变化绿皮书	应对气候变化报告(2019)	中国社会科学院－中国气象局气候变化经济学模拟联合实验室	国际问题与全球治理	90.00	5.50	0.00	66.85	81	80	90	24.70	91.55
13	2	世界经济黄皮书	2019 年世界经济形势分析与预测	中国社会科学院世界经济与政治研究所	国际问题与全球治理	87.00	4.00	0.00	63.70	85.5	90	100	26.60	90.30
15	3	“一带一路”蓝皮书	“一带一路”建设发展报告(2019)	中国社会科学院“一带一路”研究中心、中信改革发展研究基金会、中国社会科学院大学欧亚高等研究院	国际问题与全球治理	87.00	4.50	0.00	64.05	82	90	100	25.90	89.95

续表

综合排名	分类排名	丛书名	书名	研创单位	内容分类	皮书内容评价(70%)				社会影响力				综合得分
						原始得分(满分100分)	加分项(满分5分)	减分项(最高扣15分)	实际得分	媒体影响力得分(满分100分，20%)	下载率得分(满分100分，5%)	品牌贡献度得分(满分100分，5%)	实际得分	
38	4	国际形势黄皮书	全球政治与安全报告(2019)	中国社会科学院世界经济与政治研究所	国际问题与全球治理	83.00	3.00	0.00	60.20	85.5	90	100	26.60	86.80
91	5	上海合作组织黄皮书	上海合作组织发展报告(2019)	中国社会科学院俄罗斯东欧中亚研究所、中国社会科学院上海合作组织研究中心	国际问题与全球治理	85.50	3.50	0.00	62.30	70	60	60	20.00	82.30

地方发展－经济类（10种）

综合排名	分类排名	丛书名	书名	研创单位	内容分类	皮书内容评价(70%)				社会影响力				综合得分
						原始得分(满分100分)	加分项(满分5分)	减分项(最高扣15分)	实际得分	媒体影响力得分(满分100分，20%)	下载率得分(满分100分，5%)	品牌贡献度得分(满分100分，5%)	实际得分	
10	1	广州蓝皮书	广州经济发展报告(2019)	广州市社会科学院	地方发展－经济	87.94	4.50	0.00	64.71	95	80	60	26.00	90.71
20	2	广州蓝皮书	广州创新型城市发展报告(2019)	广州市社会科学院	地方发展－经济	88.06	4.50	0.00	64.80	91	70	60	24.70	89.50
31	3	广州蓝皮书	广州国际商贸中心发展报告(2019)	广州市社会科学院、广州市商务局、广州商业总会	地方发展－经济	87.33	4.00	0.00	63.94	85	70	60	23.50	87.44
46	4	贵州蓝皮书	贵州大数据战略发展报告(2019)	贵州省社会科学院	地方发展－经济	85.34	3.50	0.00	62.19	83	70	70	23.60	85.79
61	5	广州蓝皮书	广州农村发展报告(2019)	广州市社会科学院	地方发展－经济	82.41	4.00	0.00	60.49	89	60	60	23.80	84.29

续表

综合排名	分类排名	丛书名	书名	研创单位	内容分类	皮书内容评价(70%)				社会影响力				综合得分
						原始得分(满分100分)	加分项(满分5分)	减分项(最高扣15分)	实际得分	媒体影响力得分(满分100分,20%)	下载率得分(满分100分,5%)	品牌贡献度得分(满分100分,5%)	实际得分	
65	6	上海蓝皮书	上海资源环境发展报告(2019)	上海社会科学院	地方发展-经济	90.90	4.50	0.00	66.78	61	60	40	17.20	83.98
72	7	甘肃蓝皮书	甘肃县域和农村发展报告(2019)	甘肃省社会科学院、甘肃省统计局	地方发展-经济	82.00	4.00	-2.00	58.80	95	60	50	24.50	83.30
83	8	河南蓝皮书	河南经济发展报告(2019)	河南省社会科学院	地方发展-经济	81.15	4.50	0.00	59.96	85.5	60	50	22.60	82.56
84	9	河南经济蓝皮书	2019年河南经济形势分析与预测	河南省统计局	地方发展-经济	78.63	4.00	0.00	57.85	88.5	60	80	24.70	82.55
98	10	上海蓝皮书	上海经济发展报告(2019)	上海社会科学院	地方发展-经济	83.97	4.00	0.00	61.58	71	70	50	20.20	81.78

地方发展－社会类（13种）

综合排名	分类排名	丛书名	书名	研创单位	内容分类	皮书内容评价（70%）				社会影响力				综合得分
						原始得分（满分100分）	加分项（满分5分）	减分项（最高扣15分）	实际得分	媒体影响力得分（满分100分，20%）	下载率得分（满分100分，5%）	品牌贡献度得分（满分100分，5%）	实际得分	
8	1	广州蓝皮书	广州社会发展报告（2019）	广州市社会科学院	地方发展－社会	90.00	4.50	0.00	66.15	95	60	60	25.00	91.15
21	2	北京蓝皮书	北京公共服务发展报告（2018～2019）	北京市社会科学院管理研究所	地方发展－社会	89.00	5.00	0.00	65.80	87.5	70	40	23.00	88.80
24	3	上海蓝皮书	上海社会发展报告（2019）	上海社会科学院	地方发展－社会	93.00	4.50	0.00	68.25	76	60	40	20.20	88.45
25	4	广州蓝皮书	2019年中国广州社会形势分析与预测	广州大学广州发展研究院	地方发展－社会	87.00	5.00	0.00	64.40	85	80	60	24.00	88.40
27	5	北京人口蓝皮书	北京人口发展研究报告（2019）	中共北京市委党校	地方发展－社会	89.50	5.00	0.00	66.15	85	60	40	22.00	88.15
44	6	甘肃蓝皮书	甘肃社会发展分析与预测（2019）	甘肃省社会科学院	地方发展－社会	90.10	4.00	－3.00	63.77	85.5	50	50	22.10	85.87

续表

综合排名	分类排名	丛书名	书名	研创单位	内容分类	皮书内容评价(70%)				社会影响力				综合得分
						原始得分(满分100分)	加分项(满分5分)	减分项(最高扣15分)	实际得分	媒体影响力得分(满分100分,20%)	下载率得分(满分100分,5%)	品牌贡献度得分(满分100分,5%)	实际得分	
50	7	河南蓝皮书	2019年河南社会形势分析与预测——全面推进社会高质量发展	河南省社会科学院	地方发展-社会	89.50	4.00	0.00	65.45	77	50	40	19.90	85.35
67	8	社会建设蓝皮书	2019年北京社会建设分析报告	中共北京市委社会工作委员会、北京工业大学	地方发展-社会	91.00	4.50	0.00	66.85	72	30	20	16.90	83.75
75	9	北京蓝皮书	北京社会治理发展报告(2018~2019)	北京市社会科学院首都社会治安综合治理研究所	地方发展-社会	83.50	4.00	0.00	61.25	85	50	50	22.00	83.25

续表

综合排名	分类排名	丛书名	书名	研创单位	内容分类	皮书内容评价（70%）				社会影响力				综合得分
						原始得分（满分100分）	加分项（满分5分）	减分项（最高扣15分）	实际得分	媒体影响力得分（满分100分，20%）	下载率得分（满分100分，5%）	品牌贡献度得分（满分100分，5%）	实际得分	
76	10	健康城市蓝皮书	北京健康城市建设研究报告（2019）	中国医药卫生事业发展基金会、北京市健康促进工作委员会、首都社会经济发展研究所、北京健康城市建设促进会、北京民力健康传播中心、北京健康城市建设研究中心	地方发展-社会	84.00	4.00	0.00	61.60	72.5	60	80	21.50	83.10
85	11	湖南蓝皮书	2019 年湖南社会发展报告	湖南省人民政府发展研究中心	地方发展-社会	85.00	4.00	0.00	62.30	76	50	50	20.20	82.50

续表

综合排名	分类排名	丛书名	书名	研创单位	内容分类	皮书内容评价(70%)				社会影响力				综合得分
						原始得分(满分100分)	加分项(满分5分)	减分项(最高扣15分)	实际得分	媒体影响力得分(满分100分,20%)	下载率得分(满分100分,5%)	品牌贡献度得分(满分100分,5%)	实际得分	
88	12	平安中国蓝皮书	平安北京建设发展报告(2019)	中国人民公安大学	地方发展-社会	88.50	5.00	0.00	65.45	62	50	40	16.90	82.35
93	13	陕西蓝皮书	陕西社会发展报告(2019)	陕西省社会科学院	地方发展-社会	82.00	3.50	0.00	59.85	84	60	50	22.30	82.15

地方发展－文化类（3种）

综合排名	分类排名	丛书名	书名	研创单位	内容分类	皮书内容评价(70%)				社会影响力				综合得分
						原始得分(满分100分)	加分项(满分5分)	减分项(最高扣15分)	实际得分	媒体影响力得分(满分100分，20%)	下载率得分(满分100分，5%)	品牌贡献度得分(满分100分，5%)	实际得分	
45	1	广州蓝皮书	广州文化创意产业发展报告(2019)	广州市社会科学院	地方发展－文化	85.77	4.00	0.00	62.84	82.5	70	60	23.00	85.84
58	2	甘肃蓝皮书	甘肃舆情分析与预测(2019)	甘肃省社会科学院	地方发展－文化	86.00	4.00	0.00	63.00	85.5	50	40	21.60	84.60
97	3	广州蓝皮书	中国广州文化发展报告(2019)	广州大学广州发展研究院	地方发展－文化	79.55	4.00	0.00	58.49	82	80	60	23.40	81.89

图书在版编目(CIP)数据

高质量发展场景下的皮书研创、出版与传播 / 谢曙光主编. -- 北京：社会科学文献出版社，2021.9

（皮书研究系列）

ISBN 978-7-5201-8982-8

Ⅰ.①高… Ⅱ.①谢… Ⅲ.①社会科学-研究-中国
Ⅳ.①C12

中国版本图书馆 CIP 数据核字（2021）第 178114 号

皮书研究系列（8）
高质量发展场景下的皮书研创、出版与传播

主　　编 / 谢曙光
副 主 编 / 蔡继辉　吴　丹

出 版 人 / 王利民
责任编辑 / 丁阿丽
文稿编辑 / 梁荣琳
责任印制 / 王京美

出　　版 / 社会科学文献出版社·皮书研究院（010）59367092
　　　　　地址：北京市北三环中路甲 29 号院华龙大厦　邮编：100029
　　　　　网址：www.ssap.com.cn
发　　行 / 市场营销中心（010）59367081　59367083
印　　装 / 三河市龙林印务有限公司

规　　格 / 开　本：787mm × 1092mm　1/16
　　　　　印　张：13.75　字　数：155 千字
版　　次 / 2021 年 9 月第 1 版　2021 年 9 月第 1 次印刷
书　　号 / ISBN 978-7-5201-8982-8
定　　价 / 109.00 元